AF454008

LETTRES

SUR

LA TRANSLATION A HIPPONE DE LA RELIQUE DE SAINT AUGUSTIN;

PAR M. L'ABBÉ SIBOUR,

CHANOINE, PROFESSEUR A LA FACULTÉ DE THÉOLOGIE D'AIX, VICAIRE GÉNÉRAL DE DIGNE.

(Extrait de l'*Histoire de saint Augustin*, par M. Poujoulat.)

A MESSEIGNEURS LES ÉVÊQUES

QUI ONT ACCOMPAGNÉ A HIPPONE LA RELIQUE DE SAINT AUGUSTIN.

Messeigneurs,

Ces lettres que je vous offre humblement ne méritaient ni cet honneur ni l'honneur de la publicité, à laquelle d'ailleurs elles n'étaient pas destinées. Adressées, durant notre voyage en Afrique, à un ami, à l'auteur de l'*Histoire de Jérusalem*, qui vient aujourd'hui d'acquérir un nouveau titre en publiant l'*Histoire de saint Augustin*, tout leur mérite est d'avoir fixé son attention sur l'événement dont elles retraçaient les détails et de lui avoir ainsi donné, peut-être, la première pensée d'écrire un livre qui est un beau monument de plus élevé à la gloire de la religion et de l'évêque d'Hippone. L'historien de saint Augustin, ne pouvait pas désormais omettre le récit de la solennelle translation des restes du

1841

grand évêque en Afrique, à laquelle, Messeigneurs, vous avez ajouté tant d'éclat par votre présence ; il a souhaité reproduire à la fin de son livre les lettres que je lui avais adressées. Il a pensé que cette narration familière, écrite sous l'impression du moment, offrirait plus d'intérêt qu'une relation d'une gravité soutenue. Je n'ose pas croire que le lecteur, s'il daigne jeter les yeux sur cette correspondance sans ordre et qui doit porter de nombreuses traces de précipitation, partage l'opinion de mon ami, et je laisse à l'historien de saint Augustin toute la responsabilité de la publication. Une seule pensée me la fait accueillir avec satisfaction. Ce dernier événement de la destinée d'Augustin, qui, isolé ou perdu dans des colonnes de journaux, aurait fini par être oublié, se trouve lié maintenant à un ouvrage aussi beau que solide et qui est appelé à un grand et durable succès. Je ne veux pas dire, Messeigneurs, que je vois aussi dans la publication de ces lettres une manière de remplir l'engagement contracté pendant notre voyage ; engagement qui était trop honorable pour que j'aie pu en perdre

le souvenir. J'espère plus tard, s'il plaît à Dieu,
mieux acquitter ma dette envers vous et envers
l'Église d'Afrique.

Je suis avec un profond respect,

Messeigneurs,

de Vos Grandeurs,

Le très-humble et très-obéissant
serviteur,

L'abbé L. Sibour.

Au château de Beaucouse (Basses-Alpes),
13 octobre 1844.

LETTRE PREMIÈRE.

Toulon, 23 octobre 1842.

Cher ami,

Lorsque nous nous séparions, l'autre jour, sur les bords du Rhône, et que vous partiez pour Paris, vous ne songiez pas et j'étais loin de songer moi-même que je partais de mon côté pour l'Afrique. Je voguerai bientôt vers cette terre illustrée et conquise par nos armes, à laquelle se rattachent de si beaux souvenirs chrétiens, et que je suis heureux, comme prêtre et comme Français, d'aller visiter ; et pourtant c'est à peine si je puis croire encore à ce voyage, tant il est inopiné. C'est pour moi comme un rêve agréable dont je crains d'être tiré tout à coup. Je me suis trouvé entraîné ici, et je vais être tout à l'heure entraîné plus loin par un concours de circonstances dont il me faut avant tout vous rendre compte pour vous expliquer cette subite détermination.

J'étais de retour à Viviers, où, après vous avoir quitté, je venais faire mes préparatifs de départ pour Aix, lorsqu'une lettre de monseigneur l'évêque de Digne m'a apporté cette étonnante nouvelle. Il allait partir pour l'Afrique, il allait accompagner les reliques de saint Augustin, que monseigneur l'évêque d'Alger avait eu l'heureuse pensée d'aller demander à la vieille basilique de Pavie, laquelle ne les gardait, ce semble, si fidèlement depuis tant de siècles que pour les rendre un jour à Hippone, quand la lumière de la foi aurait relui sur ses collines. La translation devait se faire avec la plus grande solennité ; ce serait comme une nouvelle prise de possession de l'Afrique par le christianisme ; plusieurs évêques se proposaient d'escorter les restes de l'un des plus grands évêques, et sans contredit du plus grand docteur de l'Église ; monseigneur Dupuch avait écrit à tout l'épiscopat français une lettre pressante ; chaque diocèse était invité à envoyer quelque représentant à cette fête religieuse et nationale. Monseigneur l'évêque de Digne me disait qu'il partait, séduit par sa vieille admiration pour saint Augustin et par sa reconnaissance pour l'église d'Afrique, mère de la science. Ce furent en effet deux apôtres africains, Domnin et Vincent, qui apportèrent les premiers dans les Alpes les semences de la foi. A la fin de sa lettre, monseigneur me donnait rendez-vous à Toulon pour le **22** ; c'était le jour fixé pour l'arrivée des reliques.

Ma résolution fut bientôt prise : je ne pouvais manquer à une pareille assignation. Je venais de passer une année entière avec saint Augustin, à cause de mes études sur le pélagianisme dont vous savez que j'ai eu à traiter dernièrement dans mon cours. Ce commerce intime avec le génie aussi élevé qu'aimable de l'évêque d'Hippone avait ajouté je ne sais quoi de tendre à mon culte pour sa mémoire. Augustin était devenu pour moi comme un illustre ami qui avait daigné m'admettre dans sa familiarité; il m'avait livré tous les secrets de son âme : je connaissais sa maison de Tagaste; je l'avais suivi à Carthage, à Rome, à Milan ; bien souvent je m'étais mêlé à ce petit cercle composé d'Alype, de Trigécius, de Licentius, d'Adéodat, qui se formait d'ordinaire dans la prairie de Cassiciacum, au pied d'un arbre touffu, et où Monique avait aussi sa place marquée, quoiqu'on y causât de philosophie et qu'on y traitât parfois les plus graves questions. Heureuse Monique ! Dieu n'avait pas tardé à l'appeler à lui. Il me semblait que je m'étais trouvé entre elle et son fils, à cette fenêtre d'Ostie où, peu de temps avant sa mort, ils avaient eu ensemble, dans un tendre et sublime entretien, ces doux ravissements vers Dieu dont Augustin nous a magnifiquement parlé dans ses *Confessions*, et qui étaient pour Monique comme le commencement de la céleste béatitude.

Mais c'est surtout à Hippone que j'avais suivi Augustin ; je m'étais attaché à ses pas ; j'étais initié à tous les détails de sa vie d'évêque et de docteur. Que de fois j'avais mêlé soit mes acclamations, soit mes larmes, aux larmes et aux accla-

mations de ce peuple de mariniers qui se pressait
autour de sa chaire, dans la basilique de la Paix!
Je l'avais vu avec admiration passant ses journées à
écrire des lettres, à terminer des différends, à accomplir toutes les fonctions si multipliées de son pénible ministère, et cependant sachant encore, avec
une santé affaiblie, trouver le temps de composer et
de revoir ses ouvrages immortels et de soutenir
avec tous les ennemis de l'Église les luttes achar-
nées où de si beaux triomphes lui étaient réservés.
Maintenant que les restes de ce grand homme allaient passer si près de moi, comment aurais-je pu
résister au plaisir de les voir et de les vénérer? L'i-
mage de son génie était gravée dans mon âme, mais
il me semblait que la vue de son corps ajouterait
quelque chose à notre connaissance et la rendrait
plus réelle et plus complète. Je me sentais, moi
aussi, entraîné par l'admiration et la reconnaissance, et si la pensée ne me venait pas d'aller suivre ces reliques glorieuses jusque sur la terre d'A-
frique, parce que je ne le croyais pas possible, je
me promettais bien du moins de ne pas manquer
au rendez-vous de Toulon, comptant revenir après
avoir assisté aux fêtes et contenté ma dévotion.

Le lendemain, cher ami, je descendais rapidement le Rhône. Le temps pressait, et quoique le
paquebot dans sa marche rapide, emporté par le
cours impétueux du fleuve, semblât voler sur les

eaux, il n'allait pas encore assez vite à mon gré. Assis sur le pont, je saluais à peine en passant toutes ces vieilles connaissances que je retrouve toujours avec bonheur sur les rives aimées du Rhône : à gauche, les hauteurs de Saint-Paul-Trois-Châteaux, les vertes campagnes de la Palud, la plaine d'Orange, fière de ses antiquités, et, par-dessus tout, le mont Ventoux qui, avec sa tête presque toujours couronnée de frimas, semble le vieux génie de la contrée ; à droite, les gorges de Saint-Marcel aux grottes fantastiques, les flots bleus de l'Ardèche, qui se glisse timidement à travers les saules et vient s'unir sans bruit aux flots rapides du grand fleuve ; le pont Saint-Esprit, qui a perdu désormais toutes ses terreurs, et qui montre aux voyageurs les élégantes terrasses de ses maisons, sa chartreuse de Valbonne entourée de forêts, mais surtout ses champs fertiles couverts de mûriers, et que nous parcourions ensemble, cher ami, il y a à peine quelques jours, conduits par le plus excellent des hôtes ; puis, un peu plus loin, le riche bassin de Bagnol, au fond duquel la Sèse roule des paillettes d'or moins précieuses que ses eaux dont les flots limpides arrosent tant de vertes prairies ; puis encore le donjon de Mornos, dont le baron des Adrets hante les ruines, et le château de Roquemaure, qui marie au souvenir des Sarrasins celui des cardinaux et des papes d'Avignon.

Je trouvai sur le paquebot monseigneur l'évêque de Valence, que j'avais connu au sacre de monseigneur de Viviers, et une troupe de religieuses de la doctrine chrétienne de Nancy. J'appris bientôt que ces saintes filles partaient pour l'Afrique; elles étaient destinées pour Bône et pour Philippeville. Une vive joie remplissait leur âme en songeant à l'œuvre de dévouement, de foi et de civilisation qu'elles allaient accomplir. Monseigneur l'évêque de Valence se rendait de son côté à Toulon pour la grande fête de la translation des reliques. Le pieux prélat était même décidé à passer la mer s'il le pouvait. Indépendamment du désir qu'il avait de s'associer à ce grand triomphe de saint Augustin, où il voyait avec raison moins le triomphe d'un saint, après tout, que celui de la religion elle-même, il aurait voulu visiter en Algérie une sainte colonie de religieuses trinitaires, dont il est le fondateur. Il devait y avoir, en effet, une place pour les filles de saint Jean de Matha sur cette terre d'Afrique où l'ordre de la Rédemption des captifs fit autrefois tant de miracles. Les trinitaires de Valence avaient reçu en partage dans ces lots de la charité que notre belle conquête avait fait échoir à l'inépuisable dévouement de la France tous les hôpitaux de la province d'Oran à desservir.

Il y avait à peine quelques heures que nous suivions rapidement les mille méandres gracieux du fleuve, laissant dans les airs une longue trace de fumée dont le nuage allait se perdre au milieu des arbres qui couvrent ses rives, lorsque les tours de la vieille cité papale et le pittoresque rocher de Notre-Dame-de-Dom nous apparurent. C'était le terme de notre navigation, Je ne restai à Avignon que le temps nécessaire pour trouver le moyen d'en partir. Le soir, j'étais déjà sur la route d'Aix, où j'arrivai le lendemain matin.

Monseigneur l'archevêque d'Aix est le métropolitain d'Alger. La nouvelle église d'Afrique est fille de la Provence. L'occasion était belle pour aller la visiter. Monseigneur regrettait que ni son âge ni sa santé ne lui permissent de faire un aussi long et si pénible voyage. Il me chargeait de l'excuser auprès de l'évêque d'Alger et de tous les prélats qui se seraient rendus à son appel. Il me donnait en même temps, en riant, la mission de représenter à la cérémonie notre église métropolitaine d'Aix, mission que je dois accomplir, à ce qu'il paraît, plus complétement qu'il ne le pensait et que je ne le pensais moi-même.

Enfin, hier samedi, jour où les reliques étaient attendues de Pavie, je suis arrivé à Toulon vers les trois heures du soir. A mesure que nous approchions de l'hôtel de la Croix-d'Or, où nous devions descendre, une foule empressée et compacte encombrait les rues qu'il nous fallait traverser. On

voyait que la fête annoncée avait mis la ville entière en émoi. Je trouvai réunis à l'hôtel de la
Croix-d'Or tous les évêques qui étaient accourus à
Toulon de divers points de la France ; quelques-
uns venaient de très-loin ; ils étaient environnés
d'un nombreux clergé, et se disposaient à aller au-
devant des reliques. Le premier que j'aperçus fut
monseigneur l'évêque de Châlons, qui, avec cette
ponctualité et cette ardeur militaire, restes de son
ancien état, avait déjà revêtu ses ornements ponti-
ficaux, et attendait, la mitre en tête et le bâton pastoral à la main, que le signal du départ fût donné.
Le vénérable prélat eut besoin d'une patience égale
à son exactitude.

L'arrivée des reliques avait été annoncée pour
deux heures ; il en était déjà quatre, et l'on n'en
avait point encore de nouvelles. Une foule immense
stationnait sur le champ de Mars ; cette vaste es-
planade qui offre si souvent l'image de la guerre,
et qui retentit ordinairement du bruit des armes
et du pas cadencé des soldats, présentait alors un
spectacle bien différent. Elle ne pouvait contenir
les flots du peuple ; au-dessus de toutes ces têtes
flottaient de saintes et pacifiques bannières : c'é-
taient les paroisses de la ville venues en procession
et dont les pieuses congrégations entouraient de
longs replis l'autel où devaient, en arrivant, être
déposées les reliques. On entendait à peine leurs

chants religieux qui se perdaient dans la grande voix de la foule.

Tout le peuple avait les yeux tournés du côté de la route d'Italie; l'inquiétude et l'impatience commençaient à le gagner; il était près de cinq heures, le jour allait bientôt disparaître. On songeait alors que le moindre accident de route pouvait causer un retard; déjà les masses s'étaient ébranlées pour leur retour, lorsque des cris de joie signalèrent deux voitures qui s'avançaient rapidement et qui se dirigèrent du côté du champ de Mars. On en vit bientôt descendre les évêques de Fréjus et d'Alger, celui-ci portant dans ses bras l'arche sainte qui renfermait les reliques.

Nous nous hâtâmes d'aller porter aux prélats cette heureuse nouvelle. Elle nous avait devancée, et quand nous arrivâmes à l'hôtel, le clergé en sortait processionnellement pour se rendre au champ de Mars. Mais le cortége fit de vains efforts pour sortir de la ville et franchir les portes, dont les passages étroits étaient remplis par un peuple immense que nulle mesure d'ordre et de police ne contenait. Il ne restait plus que le parti de la retraite. Monseigneur l'évêque de Châlons paraissait ne s'y pas résigner volontiers. Enfin il fallut céder à la nécessité, et les évêques se rendirent à l'église Majeure de Sainte-Marie, et allèrent y attendre les reliques.

Pour moi, cher ami, qui n'avais pas à sauvegarder la dignité de mon rang en cette occurrence, et qu'une sainte impatience poussait vers les restes d'Augustin, j'essayai de me faire jour à travers les flots pressés de la foule. Il y avait comme deux torrents, dont l'un entrait et l'autre sortait de la ville. Ils se rencontraient et s'entrechoquaient à la porte d'Italie, et je ne comprends pas maintenant que dans ce chemin couvert et sombre des remparts et traversant les ponts étroits des fossés, nul malheur ne soit arrivé. J'ai vu des vieillards, des femmes, des mères mêmes, portant aux bras leurs petits enfants, tous imprudemment engagés dans ces périlleux défilés. C'est assurément un miracle qu'on n'ait eu à déplorer aucun funeste accident, et que personne n'ait été ni étouffé ni foulé aux pieds. Je pris, sans trop penser à tous ces graves périls, le fil du courant qui sortait de la ville, et je me trouvai heureusement porté au champ de Mars, non loin de l'autel où la châsse reposait.

C'est alors que je pus contempler et vénérer pour la première fois la relique insigne que l'église de Pavie avait cédée à celle d'Hippone. C'était le bras droit d'Augustin ; ce bras qui avait porté si haut et avec tant de fermeté le sceptre de l'intelligence et de l'orthodoxie dans un des plus grands siècles de l'Église ; ce bras qui était encore aujourd'hui et qui serait toujours un des plus fermes soutiens de l'Eglise ; ce bras qui avait terrassé les manichéens,

les donatistes, les ariens, Pélage, Célestius, Julien,
et qui, tout mort qu'il était, menaçait encore et
saurait atteindre tous les ennemis du christianisme ;
ce bras enfin qui avait répandu sur la terre d'Afrique tant de bénédictions : semence ensevelie depuis
quatorze siècles, mais semence immortelle et que
le génie de la France venait de faire éclore ! Ah !
il me semblait les voir tressaillir ces ossements
sacrés, et se lever tout à coup pour bénir ce pays
dont les armes glorieuses avaient reconquis les plages africaines au christianisme et à la civilisation !
La France en rendant à Augustin son berceau et
sa tombe devenait sa patrie. Mon cœur donnait
avec enthousiasme au grand évêque d'Hippone les
doux noms de père, de frère, de concitoyen, et
des larmes de joie inondaient mon visage.

Cependant peu à peu la foule s'écoulait pour se
trouver sur le passage du cortége ; la nuit se faisait,
et la procession put prendre enfin sa marche vers
l'église de Sainte-Marie. Mille flambeaux étince-
laient sous nos pas. Les chants des prêtres, le son
des cloches, l'empressement religieux de la foule,
cette voix du peuple qui s'élevait comme un immense concert, tout cela formait un beau et con-
solant spectacle.

En arrivant aux portes de la basilique, nous vîmes
les évêques, au nombre de six, qui, debout dans le
sanctuaire, attendaient avec une sainte impatience

l'entrée du cortége. Les reliques furent bientôt placées sur le maître-autel, et alors chacun des prélats s'avança pour les vénérer solennellement et donner à Augustin le baiser fraternel. Ce fut d'abord monseigneur l'évêque de Fréjus, heureux d'avoir reçu un tel hôte, et qui avait voulu au moins l'accompagner jusqu'aux extrémités de son diocèse. Il avait présidé ce soir-là, comme de raison, à la première cérémonie de la réception des reliques.

Après lui s'avança monseigneur l'archevêque de Bordeaux, que les liens les plus étroits unissent à l'église d'Alger, puisque monseigneur Dupuch est à la fois son diocésain par la naissance et son fils par la consécration. Le vénérable évêque de Châlons, monseigneur de Prilly, fut le troisième. Conservant dans un âge déjà avancé toute l'activité et presque toutes les forces de la jeunesse, il n'avait pas reculé devant les fatigues d'un long voyage pour venir donner à Augustin ce témoignage d'amour et de vénération. Monseigneur de Mazenod vint ensuite. La place de l'évêque de Marseille, de l'ancien évêque d'Icosie, était d'avance marquée dans une telle solennité. Lui aussi avait été en quelque sorte successeur de saint Augustin, et d'ailleurs les rivages de l'Afrique étaient voisins des rivages de son diocèse. Les mêmes flots les baignaient et les unissaient en les séparant.

Nous vîmes ensuite s'avancer l'un après l'autre

les évêques de Digne et de Valence, dont je vous ai parlé.

Enfin le dernier était l'évêque nommé de Nevers, monseigneur Dufêtre, qui, condamné momentanément à un repos forcé par l'attente de ses bulles, avait saisi avec empressement l'occasion de ce saint pèlerinage pour donner quelque aliment à son activité et à son zèle.

Ainsi s'est terminée, cher ami, cette première journée. Elle avait rempli mon cœur des sentiments les plus agréables et les plus vifs. Le soir, comme je les versais dans le cœur si affectueux pour moi de celui qui me les avait procurés en m'appelant à Toulon, la proposition du voyage d'Afrique me fut faite tout à coup. C'était aller au-devant d'un désir qui n'avait plus rien de vague, mais qu'il n'était pas facile de réaliser. Nos vacances allaient finir; et puis à quel titre me présenter pour un pareil voyage? L'excellent évêque de Digne s'est chargé de tout arranger. La Providence a voulu que ce qui était le principal obstacle soit devenu un moyen. Le nombre de ceux qui se présentent pour faire ce beau pèlerinage est beaucoup plus grand qu'on ne l'avait pensé. On ne savait comment trouver place pour tout le monde sur le navire mis à la disposition de l'évêque d'Alger. Le gouvernement, avec une louable générosité, en a accordé un second, de façon qu'il pourra y avoir maintenant place à bord

même pour les surnuméraires comme moi. L'évêque de Digne est venu ce matin m'en donner l'as-
surance, et mon nom est déjà inscrit par ses soins
sur la liste des passagers.

Donc, cher ami, sans plus songer à rien, je pars,
et je vous promets un récit bien détaillé de notre
sainte et glorieuse expédition. Je serai l'Albert
d'Aix de cette pacifique croisade. Voùs savez qu'une
de mes manies est de soutenir contre tous que le
vieux chroniqueur est une des gloires de notre
chapitre. Quoi qu'il en soit, vous aurez ma chronique. Mes lettres, écrites à la hâte, tantôt comme
en ce moment sur une table d'auberge, tantôt sur
quelque banc de notre navire si le roulis le permet, tantôt peut-être, que sais-je? sous la tente du
Bédouin, ne pourront prétendre à d'autre mérite
qu'à celui de la fidélité. D'ailleurs, j'en suis
sûr, vous allez prendre un vif intérêt à un événement dont votre esprit aussi religieux qu'élevé sai-
sira facilement toute la portée, et mes détails, quelque informes qu'ils soient, auront toujours du
prix à vos yeux.

Le départ pour Bône est fixé à mardi matin.

On nous annonce pour aujourd'hui dimanche
une grande solennité. Si je le puis, je vous en parlerai demain. J'entends les cloches de la grand'-
messe : adieu.

LETTRE DEUXIÈME.

Toulon, lundi soir, 24 octobre.

Il pleut à verse, et je viens, ami, passer ma soirée avec vous. J'y trouverai double profit, pour
mon cœur d'abord, et puis pour mon journal. J'ai
à vous rendre compte de nos fêtes d'hier et de nos
courses d'aujourd'hui. Je ne veux pas laisser un
trop long arriéré. Pour rester fidèle à mes enga-
gements, je sens qu'il faut enlever à ma paresse
tout prétexte de banqueroute. Je ne sais pas d'ailleurs comment la mer me traitera, et si elle aura
quelques égards pour mes fonctions d'annaliste.
C'est la première fois que je perds de vue le rivage et
que j'affronte le périlleux plaisir d'une longue traversée. En fait de navigation, je ne connais jusqu'ici
que celle du fleuve et des étangs du pays natal. Pour
vaisseau amiral, nous avions dans notre enfance
cette pauvre barque que vous avez vue dernièrement amarrée dans les roseaux du *lac des Oliviers*,
dont les eaux tranquilles baignent les vertes campagnes de mon village. Il ne faut pourtant pas que
j'oublie le récent voyage de long cours que nous
avons fait ensemble à travers l'*Etang de Berre*, qui

mériterait presque aussi bien le nom de mer que la *mer de Galilée*, et qui sépare les collines au pied desquelles la Providence plaça nos deux berceaux. Je vois encore d'ici la voile latine de notre chaloupe faiblement argentée par la lune qui se levait, ces lueurs phosphorescentes que chaque coup de rame tirait du sein des flots endormis, cette belle étoile brillant comme un phare au sommet de la montagne qui fuyait derrière nous, tous ces astres qui se montraient sur nos têtes et que les eaux azurées réfléchissaient. Nous semblions glisser à la manière des ombres dans un autre monde et vers d'autres cieux : charmant souvenir, qui est encore tout vivant dans mon âme et qui ne sera pas effacé par tous les grands et religieux souvenirs que je vais avoir à vous retracer !

Hier donc, ainsi que je vous l'annonçais dans ma première lettre, les offices du matin et du soir ont été célébrés à l'église autour des saintes reliques avec une pompe inaccoutumée. Il y avait certainement bien des siècles que la cathédrale de Sainte-Marie n'avait vu autant d'évêques et un aussi nombreux clergé réunis dans son sein. Il aurait fallu pour cela remonter le cours des âges et arriver jusqu'à la tenue de quelque concile dans la ville de saint Cyprien. On aurait dit, en effet, un concile, à voir tous ces évêques et tous ces prêtres rangés autour du sanctuaire qui pouvait à peine les contenir.

C'était l'évêque de Fréjus qui officiait. Sous les traits vénérables de monseigneur Michel, il me semblait voir le saint pontife du sixième siècle, le disciple de Césaire d'Arles, Cyprien lui-même, venant faire les honneurs de sa basilique au grand évêque d'Hippone, dont il fut, comme son maître, un des plus grands admirateurs. Cyprien de Toulon et Césaire d'Arles furent les chefs, vous le savez, du concile d'Orange, où les restes du pélagianisme reçurent les derniers coups, et où furent consacrées, dans leur expression la plus complète, les doctrines de saint Augustin sur la grâce. L'un et l'autre luttèrent contre les influences de Lérins, peu favorable à l'évêque d'Hippone. Par Cassien de Marseille, et par le monachisme oriental d'où il tirait son origine, Lérins se rattachait un peu aux tendances, en apparence stoïques, de Pélage et de ses adhérents. J'ai lu quelque part que Césaire d'Arles fut un des premiers évêques des Gaules qui instituèrent dans leur église une fête en l'honneur de saint Augustin. On risquerait peu de se tromper en supposant qu'il fut imité par Cyprien de Toulon, dont il était en tout le modèle, de telle sorte que la fête d'aujourd'hui est peut-être l'anniversaire de quelque solennité analogue du sixième siècle, dont l'histoire n'a pas gardé le souvenir, mais qui est restée dans les annales du ciel.

Pendant toute cette journée de dimanche, l'église

a été constamment remplie de fidèles qui venaient vénérer les saintes reliques. On les avait exposées sur un autel latéral dans une des basses-nefs de l'église. Un très-grand nombre de cierges brûlaient autour de la châsse, et formaient une auréole de gloire et de lumière, image affaiblie de l'éclat du génie et des ardeurs de la foi d'Augustin.

Après les vêpres, qui ont été célébrées par monseigneur l'archevêque de Bordeaux, l'évêque d'Alger a pris la parole. Il a essayé de rendre dans une courte et chaleureuse improvisation quelques-uns des sentiments qui remplissaient son cœur. « C'est » le Seigneur qui a fait toutes les choses admirables » que nous voyons, s'est-il écrié : *A Domino factum* » *est istud, et est mirabili in oculis nostris*. Quoi de » plus merveilleux, en effet, que cette Afrique ren- » due tout à coup au christianisme ; cette foi dont » les lueurs percent de si épaisses ténèbres d'infi- » délité ; les côtes inhospitalières, dont le nom était » celui de la barbarie elle-même, de nouveau visi- » tées par notre brillante civilisation ; le boulevard » de la piraterie renversé ; un évêque qui porte le » nom singulier d'évêque d'Alger ; la chaîne des » traditions renouée après tant de siècles ! Les osse- » ments mêmes des saints retrouvant leur patrie » bien-aimée ; Augustin, le plus illustre des enfants » de l'ancienne Église d'Afrique, une des gloires » les plus pures et les plus brillantes de l'Église uni-

» verselle, le modèle des évêques, le maître des doc-
» teurs, revenant en triomphe, à travers les mers,
» après un si long exil, prendre de nouveau pos-
» session de sa chère Hippone? Quelles merveilles!
» et comme la main de Dieu s'y montre visible-
» ment! *A Domino factum est istud!* »

Le prélat a raconté ensuite brièvement son voyage de Pavie à Toulon : la vieille cité lombarde, si heureuse du trésor que la piété de ses rois lui avait confié, si fière de l'avoir fidèlement gardé pendant plus de onze siècles, et aujourd'hui le partageant généreusement avec la nouvelle église d'Afrique ; toutes ces populations religieuses de l'Italie et de la Provence, émues par des événements si extraordinaires, se pressant partout sous les pas d'Augustin et de son successeur et changeant leur marche en un long triomphe : ces consolants souvenirs, ces impressions si récentes et si vives, animaient l'orateur ; son visage était enflammé, il y avait des larmes dans sa voix. Mais son émotion et la nôtre ont augmenté lorsque, jetant un rapide coup d'œil sur l'avenir de son église : « Réjouissons-nous, » s'est-il écrié ; « ce jour qui se lève sur l'Afrique est pour » elle le plus beau des jours ; c'est le Seigneur qui » l'a fait : *Hæc dies quam fecit Dominus ; exultemus » et lætemur in eâ.* Nous emportons avec nous un » gage certain de miséricorde. Appuyé sur le bras

» d'Augustin, nous retournons plein de confiance
» et de joie. Il fécondera de nouveau cette terre que
» sans lui et le secours d'en haut nous arroserions
» en vain de nos sueurs. Oui, c'est notre espoir,
» Dieu renouvellera par ce bras puissant d'Augus-
» tin les prodiges qu'Augustin nous raconte lui-
» même, dont il fut le témoin, et qui signalèrent
» la translation en Afrique de quelques ossements
» du premier des martyrs. Ce n'est point par
» hasard que l'Église nous mettait, ce matin, sous
» les yeux ces paroles de paix et d'espérance : *Ego*
» *cogito cogitationes pacis*. Il y a dans les conseils
» éternels des pensées de miséricorde pour l'Afri-
» que. Ces pensées se manifestent dans les événe-
» ments merveilleux qui depuis douze ans s'accom-
» plissent et que l'heureux événement d'aujourd'hui
» vient couronner. Hâtons, par nos prières, cet
» instant marqué pour la régénération de l'Afri-
» que. Unissons-nous à Augustin, qui sans doute
» intercède sans cesse pour la conversion de ces
» contrées qui lui furent si chères. Prions aussi
» pour les vénérables pontifes accourus à cette fête
» et qui représentent si dignement l'église des Gau-
» les. Priez tous Augustin d'obtenir pour moi, son
» indigne successeur, quelque chose de cette hu-
» milité et de cette bonté charitable qui distinguent
» le premier pasteur de ce diocèse.

» Quelque chose de la foi et de la prudence de
» ce prélat qui fut notre père [1], à qui nous devons
» tout, et qui est si fidèle à la maxime qu'il a prise
» d'unir en tout la force avec la douceur.

» Quelque chose de ce noble caractère et du zèle
» apostolique de cet autre pontife [2] que nous pou-
» vons appeler notre prédécesseur, puisqu'il fut
» évêque d'Icosie.

» Quelque chose de l'insinuante douceur, de la
» persuasion entraînante de cet éloquent pontife
» qui siége à ses côtés [3], et qui nous disait tout à
» l'heure : Nous avons succédé à Vincent et à Dom-
» nin ; c'est de l'Afrique, c'est peut-être des murs
» d'Hippone que partirent ces premiers apôtres des
» Alpes ; c'est aussi sur les plages d'Hippone que
» nous voulons remercier Dieu de la foi qui nous
» est venue de ces contrées.

» Quelque chose aussi du zèle et de l'ardente
» piété de ces deux vénérables prélats [4], que ni
» l'âge, ni la longueur du chemin, ni les périls de la
» mer n'ont pu arrêter quand il s'est agi de rendre
» à Augustin ce solennel hommage.

» Quelque chose, enfin, de la mâle et vigoureuse
» éloquence de ce nouvel athlète qui n'a pas encore

---

[1] Monseigneur l'archevêque de Bordeaux.
[2] Monseigneur l'évêque de Marseille.
[3] Monseigneur l'évêque de Digne.
[4] Messeigneurs de Châlons et de Valence.

» reçu l'onction̩sainte [1], mais qui a déjà combattu
» avec tant de gloire les combats du Seigneur,
» de cet homme apostolique qui, tel que les an-
» ciens capitaines qui allaient avant la bataille
» aiguiser leur épée sur le tombeau des héros, va
» sur les ruines d'Hippone se remplir de la foi,
» de l'ardeur, du zèle infatigable d'Augustin. »

Après ce discours, dont je prétends ne vous donner que le sens, bien que j'en aie recueilli à l'instant même quelques morceaux qui m'avaient particulièrement frappé, une procession triomphale
a eu lieu à travers les rues de la cité. Le ciel, qui
était menaçant et couvert de noirs nuages, s'est
tout à coup éclairci à la sortie des reliques et a
semblé sourire à Augustin. Un immense cortége
composé des évêques et du clergé, des quatre paroisses et de toutes les corporations pieuses de
Toulon, accompagnaient la châsse, qui était portée
par des prêtres. La population entière prenait part
à cette belle ovation. Elle montrait partout sous
nos pas le plus vif et en même temps le plus res-
pectueux empressement. Le tour de la procession a
été fort long, et avant que nous fussions rentrés
dans l'église, la nuit s'était faite. Le spectacle n'a
été que plus beau. Nous défilions sous les allées du
Cours, où déjà le gaz répandait ses éclatantes

---

[1] Monseigneur Dufêtre, évêque nommé de Nevers.

lueurs. L'air était calme et permettait au cortége de tenir les flambeaux allumés. Toutes les maisons voisines étaient illuminées. L'éclat et le jeu des lumières, le bruit sourd de la foule qui allait se perdre au loin dans les ombres épaisses de la nuit, ces voix qui montaient au ciel de plusieurs points à la fois, les sons retentissants de la musique militaire, mais, par dessus tout, les accents inspirés de l'hymne Ambrosienne qui se faisaient entendre plus vifs, ce semble, et plus ardents que jamais en l'honneur d'Augustin, dont, peut-être, ils avaient autrefois, sous les voûtes de la basilique de Milan, célébré la conversion, tout cela remplissait l'âme d'un saint enthousiasme.

Après la rentrée de la procession et la bénédiction du saint-sacrement, monseigneur l'évêque de Fréjus a adressé quelques mots touchants à son peuple. Sa voix est bien connue dans cette église de Sainte-Marie, dont il a été si longtemps le pasteur avant d'être celui de tout le diocèse. Aussi sa parole était empreinte de je ne sais quoi de simple et de paternel qui allait au cœur. Il a fini en demandant des prières pour l'heureux voyage des évêques qui allaient bientôt s'embarquer pour l'Afrique.

Le départ de notre sainte expédition est fixé à demain matin neuf heures. Il a fallu tout aujourd'hui pour préparer les deux navires qui compo-

seront notre flottille, et pour tout installer à bord.
J'ai profité de ce délai pour visiter Toulon, que je
connaissais à peine. Je ne vous parlerai ni de son
port si vaste et si animé, surtout depuis la conquête d'Alger, ni de sa belle rade, où dorment avec
une mine sombre et menaçante les vaisseaux de
notre escadre d'Orient, rappelés depuis peu, et que
la politique enchaîne sur nos rivages ; ni de son ar-
senal immense, ni de ses ateliers de construction
où le cliquetis des fers traînés par le forçat se mêle
au bruit des travailleurs et affecte péniblement les
oreilles ; ni du magnifique hôpital de Saint-Man-
drier, avec ses jardins, ses échos curieux et sa chapelle coupée en élégante rotonde. Vous connaissez
tout cela mieux que moi. Toulon n'est ni une ville
d'art ni une ville de commerce ; c'est un vaste camp
fortifié : il n'y faut chercher d'autres monuments
que ceux de l'architecture militaire. Le génie hardi
du Puget n'a pas pu s'y développer. J'ai vu la maison du grand architecte et la façade de l'hôtel de
ville qui lui appartient aussi. Le ciseau fécond autant qu'énergique du Michel-Ange français n'a doté
sa seconde patrie que de deux morceaux de sculp-
ture remarquables : les *Adorateurs de Sainte Marie*
et les *Cariatides de la Maison commune*. La ville n'a
que des rues et des places trop peu larges ; res-
serrée dans sa double ceinture de remparts et de
fortifications, elle étouffe dans cette étroite enceinte

où le génie militaire la tient enfermée et sous clef. Ses maisons, qui ne peuvent s'étendre, entassent étages sur étages pour aller chercher l'espace libre, l'air et le soleil. Toulon, avec ses montagnes grises couronnées de canons, et sur le sein décharné desquelles serpente seulement le sentier qui aboutit aux batteries, comme les carreaux de la foudre imprimés sur le rocher, a une physionomie très-sévère qui convient à sa destination, et qui est loin d'indiquer au premier abord les ravissants aspects des côtes et des campagnes voisines.

Vous pensez bien, cher ami, que nous n'avons pas manqué dans nos courses de la journée, d'aller visiter les deux bâtiments qui doivent nous transporter en Afrique. Le premier, *le Gassendi*, est une belle corvette à vapeur. C'est à son bord que seront les reliques et les évêques voyageurs; le second, *le Ténare*, est un paquebot de la correspondance qui portera une troupe d'ecclésiastiques et de religieuses. Je dois prendre place sur *le Gassendi*, à la suite de monseigneur l'évêque de Digne. N'est-ce pas une circonstance curieuse que ce nom de *Gassendi*, le nom d'une de nos principales illustrations bas-alpines, donné au vaisseau qui doit nous porter en Afrique? J'ai été faire dernièrement un pèlerinage au vallon de Champtercier où le philosophe est né : j'ai vu au sommet de la montagne la pauvre masure qui lui servit de berceau. Rien

n'est changé depuis le jour où Gassendi enfant,
avant d'être homme de génie, menait paître autour
de la ferme et sur les pentes abruptes des montagnes voisines le petit troupeau de son père, et où,
dans le silence de ces solitudes, à l'aspect des cieux
étoilés, se formait sa vocation astronomique et son
goût pour la méditation et le calcul. Pas le plus
petit rayon de sa gloire n'est tombé sur le lieu ob-
scur qui le vit naître ; je n'ai aperçu là ni marbre
ni inscription qui rappelât sa mémoire. Seulement
un pauvre petit *Mendit* gardait quelques maigres
moutons sur les bords des mêmes ravins, et je me
plaisais à le regarder comme une image vivante du
grand homme. Digne, avec le superbe égoïsme
propre aux capitales, s'est appropriée tout le lustre
de la gloire de *Gassendi*, et en a déshérité Champtercier. Il est vrai de dire que cette renommée lui
appartient aussi à plus d'un titre, puisque le philosophe fut professeur dans son collége et prévôt dans
son chapitre de Notre-Dame. Qui aurait dit au pâtre
de Champtercier qu'un jour son nom, tiré des fastes
de nos gloires nationales, serait porté avec orgueil
par une de ces créations merveilleuses de la science
moderne qu'on appelle un bâtiment à vapeur?
Qui aurait dit plus tard au rival de Descartes, à
l'ami de Peyresc, qu'un jour, ces côtes de Barbarie
qu'ils ne dédaignèrent pas de faire explorer au
profit de la science, seraient conquises par la France

au profit de la civilisation et du christianisme, et qu'un navire du nom de *Gassendi* porterait, pour aller les restituer aux rives d'Hippone, les restes vénérés du plus grand philosophe que l'église d'Afrique et même que l'Église catholique ait produit?

Ce soir, en rentrant, nous avons appris qu'un des journaux de la ville, une de ces petites feuilles apparemment qui vivent de scandales, avait publié un article où l'on essayait de jeter du doute sur l'authenticité des reliques de saint Augustin, et du ridicule sur notre expédition. Il faut avoir un bien triste courage pour s'efforcer de refroidir un enthousiasme si pur et si universellement ressenti. Il n'y a que des hommes dépourvus non-seulement de tout sentiment religieux, mais encore de tous ces nobles instincts, nés du double amour de la patrie et de l'humanité, qui en soient capables, et qui ne puissent rien comprendre au grand événement dont nous sommes en ce moment les témoins. S'agit-il donc aujourd'hui d'une translation ordinaire de reliques à laquelle la piété seule soit appelée à prendre part? N'y a-t-il pas ici tout à la fois un grand fait de civilisation et un grand fait national? Depuis quatorze siècles un continent tout entier avait échappé aux influences de la civilisation européenne et des idées chrétiennes. La barbarie et l'infidélité, avant de s'asseoir sur l'Afrique, avaient démoli pierre à pierre le vieil édifice de la double domination punique et romaine et l'édifice plus jeune de l'Église chrétienne. Tout souvenir s'était effacé : les cendres des saints avaient été dispersées ; les ruines mêmes semblaient avoir péri. Du haut des montagnes de l'Atlas, ou bien sous la tente du désert, ou bien encore à l'abri derrière les murailles de leur casbah, des Barbares insultaient à l'Europe. Leurs pirates, comme des vautours, s'élançaient de leur aire et venaient jusque sur nos côtes faire la presse des esclaves ; ils infestaient la Méditerranée et enlevaient au commerce toute sécurité. L'Europe souffrait lâchement toutes ces cruelles injures ; les nations les plus puissantes étaient tributaires d'une poignée de brigands. La France s'est levée enfin ; elle a effacé cette honte qui depuis si longtemps s'attachait au front de la chrétienté ; elle a rendu l'Afrique à la civilisation. L'ordre, la religion, la liberté, le commerce, l'agri‑ culture vont refleurir sur cette terre si longtemps inculte et sauvage. Le soleil qui se lève sur l'Algé‑ rie éclairera bientôt peut-être de ses rayons bienfai‑ sants toutes ces régions ténébreuses et inexplorées que l'Afrique centrale cache dans son sein. L'Eu‑ rope entière a compris cela ; tous les peuples, excepté un peut-être, dont la cupidité et l'orgueil altèrent quelquefois le sens moral, ont battu des mains à notre conquête. La France a senti qu'elle faisait une grande chose en Algérie ; elle a magna‑

nimement prodigué son or et le sang de ses enfants. L'opinion publique, poussée par un admirable instinct, accueille avec transport tout ce qui est favorable à notre établissement africain. Le gouvernement de 1830 n'a rien fait de plus universellement populaire que la création de l'évêché d'Alger. Jusque-là nous n'étions, ce semble, que campés en Afrique; on a compris dès lors que nous voulions nous y établir définitivement. La croix pousse chaque jour de profondes racines dans le sol. L'Afrique, ce n'est plus pour nous une conquête, c'est déjà une seconde patrie. Voici donc le moment de rappeler tous les exilés. Que le plus illustre de tous, que le grand évêque d'Hippone soulève la pierre de son tombeau de Pavie, et revienne prendre possession des autels que l'Afrique chrétienne lui avait élevés. Ce retour est le signe le plus éclatant de l'affermissement de notre domination, et cette domination est une gloire pour la France et un bonheur pour l'humanité et pour la civilisation. Voilà ce que comprend le peuple qui se presse sous nos pas. Il a le sentiment de toutes ces grandes choses, et c'est pourquoi il change en triomphe les hommages que nous venons rendre à des ossements sacrés. Oui, encore une fois, il faut du courage à certains hommes pour venir essayer de troubler cette touchante ovation, et pour ne plus voir dans cette fête qu'une plate mystification.

Heureusement pour nous, et malheureusement pour le journaliste toulonnais, il n'y a rien de plus facile à prouver que l'authenticité des reliques d'Augustin. Sans beaucoup de peine on peut suivre les saintes dépouilles depuis le moment où les disciples d'Augustin les ensevelirent en pleurant dans les cryptes de la Basilique de la Paix, jusqu'à celui où nous allons, avec tant de joie et de solennité, en rendre une portion aux collines d'Hippone.

Le tombeau de saint Augustin à Hippone ne parut pas aux fidèles un asile assez sûr quand les Vandales furent maîtres de cette ville et de l'Afrique entière. On sait la fureur avec laquelle ces barbares ariens persécutaient les catholiques et cherchaient à étouffer leur culte. Les évêques étaient surtout l'objet de leur cruauté ; ils n'eurent le plus souvent pour partage que la mort ou l'exil. L'île de Sardaigue, voisine de l'Afrique, était remplie de confesseurs de la foi chassés par les princes ariens. Parmi ces princes, Huneric et Trasamonde se distinguèrent par leur haine contre la vraie foi. C'est sous ce dernier qu'Eugène de Carthage, et Fulgence de Ruspe, qui fut en Afrique en quelque sorte le dernier disciple d'Augustin, prirent le chemin de l'exil. Victor de Tunes élève à cent vingt le nombre des évêques qui subirent alors le même sort.

Ces saints pontifes, en quittant l'Afrique dévastée par la barbarie et souillée par l'hérésie, em-

portèrent avec eux les ossements vénérés de leurs
pères dans la foi dont cette terre infortunée n'était
plus digne. C'est ainsi que les restes d'Augustin arrivèrent en Sardaigne. La ville de Cagliari reçut ce
dépôt précieux. On rencontre quelques doutes sur
le moment précis de la translation à Cagliari. Til-
lemont pense qu'elle eut lieu sous Huneric; mais
les historiens anciens, tels que Bède, Pierre Oldradus, Paul Diacre et avec eux Baronius, Dom Ruinart, etc., placent cette translation sous Trasamonde,
au milieu du sixième siècle. Ce sentiment semble
le plus probable. Mais, quoi qu'il en soit, la translation des restes d'Augustin à Cagliari n'en est pas
moins incontestable; elle s'appuie sur une foule de
monuments contemporains. Ici on peut dire que
les pierres même parlent. La capitale de la Sardaigne vénère encore aujourd'hui dans la vieille
basilique de Saint-Saturnin le tombeau vide où re-
posèrent les ossements de l'évêque d'Hippone. Ce
tombeau ne put les garder que durant l'espace de
deux cent vingt-trois ans. A cette époque la Sardaigne étant tombée aux mains des infidèles qui
avaient conquis l'Afrique, ceux-ci cédèrent le corps
d'Augustin pour le prix de soixante mille écus d'or,
au pieux Luitprand, qui portait alors à Pavie la
couronne de fer des rois lombards.

Pour cette troisième et solennelle translation à
Pavie, nous avons une foule d'historiens, la plupart

contemporains : Bède d'abord, qui vivait dans ce temps-là, et qui raconte au long l'événement dans son livre *De sex ætatibus mundi;* ensuite ce Pierre Oldradus, archevêque de Milan, que je viens de vous citer, et qui écrivit, à la prière de Charlemagne, une relation complète de la translation ; enfin, pour me borner, Paul Diacre, qui la mentionne dans le sixième livre de son histoire *De gestis Longobardorum.* Je pourrais encore joindre à ces témoignages celui du *Martyrologe d'Adon,* qui est du neuvième siècle et qui s'exprime ainsi : « Le véné-
» rable corps d'Augustin, transporté en premier
» lieu d'Hippone en Sardaigne à cause des barba-
» res, a été *récemment* transporté à Pavie par le roi
» Luitprand, qui en a donné un grand prix. *Hujus*
» *corpus venerabile primo de sua civitate propter Bar-*
» *baros Sardiniam translatum nuper à Luitprando*
» *rege, dato magno prœtio , Ticinis relatum.* »

Le texte de la chronique de Bède est curieux et intéressant. Je veux vous le transcrire ici tel que je le trouve traduit dans un mandement de monseigneur l'évêque d'Alger, qui m'a été remis aujourd'hui.

« L'an cinquième de l'empereur Léon (l'Isau-
» rien), Luitprand ayant appris que les Sarrasins
» s'étaient rués sur la Sardaigne, menaçant de
» souiller bientôt et de violer les lieux sacrés eux-
» mêmes où reposaient avec tant de gloire, et de-

» puis leur antique translation d'Hippone saccagée
» par les farouches Vandales, les bienheureux os-
» sements d'Augustin, il envoya en grande hâte
» d'illustres personnages qui devaient rapporter à
» tout prix les reliques vénérables.

» Fidèles à leur mandat, et dignes messagers
» d'un tel prince, ceux-ci partirent empressés, et
» firent tant en effet par leurs supplications, leurs
» menaces et leurs pieux artifices, qu'ils obtinrent,
» au prix de l'or, ce qu'ils désiraient passionné-
» ment, et bientôt, fiers de ces dépouilles sacrées,
» ils abordèrent au rivage de Gênes.

» Cependant Luitprand, dont l'impatience était
» extrême, multipliait de toutes parts les prépara-
» tifs solennels. Aussitôt qu'il sut l'heureux succès
» de leur voyage, ne pouvant plus contenir l'excès
» de sa joie, il accourut à leur rencontre, accom-
» pagné de la plus grande partie de ses troupes,
» d'une foule d'évêques, de prêtres, de seigneurs,
» d'un peuple innombrable, tous faisant éclater à
» l'envi les témoignages de l'allégresse la plus
» vive.

» Du plus loin qu'il aperçut les saintes reliques,
» il se prosterna le visage contre terre, vénérant
» durant longtemps et dans l'humiliation la plus
» profonde le glorieux corps d'Augustin, qu'il reçut
» avec d'autant plus de respect et de piété qu'il
» plut à Dieu de signaler à l'instant même, à cette

» même place (près de Dorthone), la présence de
» son serviteur par les prodiges les plus éclatants.

» La nouvelle de son approche s'étant répandue
» dans l'heureuse capitale, la cité de Saint-Cyr (Pavie)
» en fut émue tout entière, et, avec une joie inef-
» fable, tous ceux qui pouvaient marcher, hommes,
» femmes, enfants, sans aucune distinction et d'un
» même élan, se précipitèrent au devant, faisant
» retentir les airs de toute sorte d'hymnes et de
» cantiques, célébrant, chantant tour à tour les
» louanges de Dieu et celles de son serviteur fidèle,
» et le remerciant de ce que, par une faveur au-
» tant incompréhensible qu'inespérée, il avait dai-
» gné leur envoyer un pareil trésor, un pareil gage
» de sa providentielle bonté.

» Puis tous étant heureusement de retour, ils le
» déposèrent avec révérence et de la façon la plus
» honorable, selon l'usage consacré pour la sépul-
» ture des martyrs, dans le souterrain de la basili-
» que de Saint-Pierre du Ciel d'or, bâtie à cette
» pieuse intention par le roi Luitprand, hors des
» murs de la ville, et ornée par lui avec une ma-
» gnificence royale. *Quels ornements pourrait-elle*
» *désirer de plus,* aimait-il à répéter, *une fois qu'elle*
» *possédera celui-là?* »

La translation à Pavie eut donc lieu, selon tous
ces témoignages, au commencement du huitième
siècle. Ici encore il y a quelques légers dissenti-

ments entre les historiens sur l'année précisc. Les uns la fixent à 712, les autres à 725, d'autres enfin à des dates renfermées entre ces deux dates extrêmes. Mais cela ne fait absolument rien à la certitude du fait de la translation.

Depuis le moment ou les reliques furent placées dans la crypte de la basilique de Saint-Pierre du Ciel d'or, elles y furent l'objet d'un culte solennel qui n'a jamais été interrompu. Des religieux de différents ordres, les bénédictins d'abord, puis des chanoines réguliers et des ermites de saint Augustin, ont fait constammant la garde autour du tombeau. Nuit et jour, près de *la Confession*, un grand nombre de lampes brûlaient, symbole de la prière qui veillait sans cesse. Les peuples y accouraient en foule et surtout à chaque anniversaire de la fête du saint. Des miracles éclatants signalaient sa puissance sur la terre et sa puissante intercession dans le ciel. On rapporte qu'un puits placé près du sépulcre épanchait ce jour-là ses eaux profondes et inondait l'église souterraine ; on eût dit, pour répéter ici une heureuse expression de l'évêque d'Alger, *les fontaines du génie d'Augustin*.

Cependant le trésor enseveli dans *la Confession* de la basilique était caché à tous les yeux. Pour assurer la conservation de ce précieux dépôt, les souverains pontifes avaient fait les défenses les plus expresses et les plus solennelles, non-seulement d'en rien détacher, mais encore de le découvrir et de l'exposer. Ces précautions n'étaient pas inutiles dans des temps où il fallait garantir les reliques, tantôt contre les pieuses rapines des fidèles, et tantôt contre les sacriléges profanations des ennemis de la religion.

Les choses étaient ainsi que je vous le rapporte, lorsque le 1er octobre 1695, des réparations étant devenues nécessaires dans l'intérieur de la Confession de Saint-Pierre du Ciel d'or, les ouvriers qui y travaillaient découvrirent la châsse d'Augustin, après avoir démoli un premier mur de briques qui la cachait. Aussitôt les travaux furent suspendus. Les chanoines réguliers et les ermites gardiens, qui les avaient ordonnés simultanément et à frais communs, s'empressèrent de venir vérifier l'importante découverte; plus tard, une commission fut nommée par le pape Benoit XIII, pour tout examiner de nouveau. Après les enquêtes les plus sévères et les plus minutieuses, elle constata solennellement l'authenticité des reliques. Cette authenticité fut alors confirmée par une bulle du souverain pontife.

Aujourd'hui les reliques de saint Augustin reposent dans la cathédrale de Pavie. Le magnifique monument qui les renferme est dû surtout à la piété généreuse du saint vieillard qui gouverne en ce moment l'église de Saint-Cyr.

Voilà, cher ami, l'histoire de toutes les translations des reliques d'Augustin qui ont devancé la translation solennelle à laquelle nous venons prendre part. Il est bien aisé, vous le voyez, de suivre de station en station ces restes vénérables, et s'il y a quelques incertitudes sur des dates peu importantes, il n'y en a point sur les faits principaux. Quand même l'authenticité de nos reliques ne serait pas appuyée sur l'autorité apostolique, qui est irréfragable pour tout catholique, elle ne le serait pas moins sur des preuves si nombreuses et si positives qu'il n'y aurait pas moyen de la nier sans nier en même temps les faits historiques les mieux attestés. J'espère qu'il se trouvera ici des gens qui raconteront tout cela au journaliste incrédule. Si nous ne partions pas demain matin, j'aurais pu m'en charger moi-même. Vous voyez que je suis assez bien au courant de cette histoire; ce n'est pas étonnant, puisque j'en ai lu aujourd'hui même tous les détails dans le tome VI des *Bollandistes*, qui m'est tombé sous la main en parcourant les tablettes d'un de mes amis de Toulon. Chacun pourra y lire facilement les pièces originales qui s'y trouvent reproduites *in extenso*. Pour moi j'aime bien mieux, en ce moment, aller prouver par mes hommages l'authenticité des reliques d'Augustin que de la prouver par une dissertation.

Adieu, cher ami; je crains vraiment que vous ne pensiez que j'ai pris trop au pied de la lettre mes

obligations d'annaliste. Jamais chronique plus dif-
fuse et plus bariolée que la mienne. Après toutes ces
longues pages que je vous envoie pour l'acquit de
ma conscience, votre conscience de lecteur pourra
très-bien, sans scrupule, les laisser de côté si elles
vous ennuient. Sur cela, bonsoir. Je vais dormir,
si la *folle du logis* que tous ces événements surexci-
tent, le permet. Demain matin, il nous faut être
sur pied de bonne heure. On annonce que nous
devons aborder à Cagliari. Si nous nous arrêtons un
peu de temps en Sardaigne, je suis capable de vous
écrire et de vous donner des nouvelles de notre
départ de Toulon et de notre traversée.

LETTRE TROISIÈME.

A bord du *Gassendi*, en vue des côtes de
Sardaigne, 27 octobre 1842.

Nous venons, cher ami, d'assister à un beau et
bien touchant spectacle. J'en ai l'âme encore toute
émue. Le pont du *Gassendi* s'est trouvé tout à coup
transformé en nef de cathédrale. A l'arrière du
vaisseau, autour des saintes reliques, posées sur un
autel improvisé, sept évêques vêtus de leurs ornements sacrés étaient rangés comme en un sanctuaire. Leurs prêtres étaient près d'eux en habits
de chœur. Tout l'équipage du *Gassendi*, composé
de cent braves et religieux Bretons, se tenait debout
en face à côté du grand mât, et se disposait à assister
à l'office divin qu'on allait célébrer. Le ciel avait
cette belle nuance de bleu tendre que nous lui
voyons quelquefois dans nos journées les plus se-
reines d'automne, en Provence. L'air était si pur
et si transparent que les côtes de Sardaigne, lais-
sées à notre gauche à une distance d'environ dix
lieues, nous paraissaient tout à fait voisines.
La mer était calme et unie comme un lac. Le
soleil, près de se plonger dans son sein, inondait
l'horizon de ses feux. Les rayons réfléchis et

brisés par les flots formaient à notre droite un immense torrent de lumière. L'astre se dressait comme un phare étincelant du côté des plages occidentales de l'Algérie et semblait nous marquer le but radieux de notre voyage. De beaux nuages de pourpre se balançaient dans les airs comme des encensoirs d'or. Çà et là de légers flocons d'une vapeur argentée s'élevaient pareils à la fumée des saints parfums. On aurait pu les prendre aussi pour de petites nacelles aériennes nageant à travers l'azur des cieux. *Le Gassendi*, couvert de toutes ses voiles, paré de ses pavillons, avec ses mâts pour flèches et ses cordages semblables aux nervures d'une cathédrale gothique, marchait, poussé par une force mystérieuse et toute-puissante. A ce spectacle, dont je ne puis vous rendre que très-imparfaitement la magnificence, mon âme ravie a perdu un moment le sentiment de l'existence terrestre. Je me figurais que nous avions vraiment quitté le monde et que, montés sur la barque symbolique de l'Église, nous voguions vers les rivages de l'éternité. Tout à coup des chants bien connus se sont fait entendre, et j'ai été tiré de cet état où mon esprit flottait entre la rêverie et l'extase.

Puisque aussi bien me voilà rappelé au sentiment de la réalité, il faut, ami, que je vous explique ce qui a donné lieu à cette scène imposante que je voudrais mais que je ne puis vous retracer.

Vous savez qu'en partant de Toulon nous avions le projet de toucher à Cagliari. C'était une belle pensée de faire suivre aux restes d'Augustin, pour le retour triomphant, la même route qu'ils avaient suivie pour l'exil, de saluer en passant cette terre hospitalière qui avait recueilli les débris de l'Église d'Afrique, et de consoler un instant de son long veuvage cette tombe sacrée de la basilique de Saint-Saturnin qui, durant plus de deux siècles, avait porté dans son sein les ossements d'Augustin. J'avais au fond du cœur un motif particulier qui me faisait souhaiter vivement cette relâche à Cagliari. Je puis vous l'accuser ici entre nous, ne fût-ce que pour donner un exemple de plus de cette étonnante diversité des sentiments et des mobiles que l'homme mène de front, qui agissent sur lui à la fois et déterminent confusément ses désirs et ses actions. Vous avez vu quelquefois chez moi un vieux maître d'italien. C'est un pauvre Sarde réfugié qui m'a appris, quand j'étais jeune, à bégayer la langue du Tasse. Compromis dans les événements politiques du Piémont, il a depuis vingt ans quitté son pays dont un jugement capital lui interdit l'entrée. Horreur des révolutions! En quoi donc, je vous le demande, cette tête aujourd'hui si calmée et toute grisonnante peut-elle importer au repos du monde? Quoi qu'il en soit, le pauvre exilé avait laissé en partant une femme encore jeune et un enfant au berceau. Bien souvent il m'en parlait en pleurant, tout en me donnant sa leçon d'italien. Alors émus l'un et l'autre nous oubliions *notre version* et le temps qui s'écoulait. Or cette femme et cet enfant habitaient Cagliari, et c'était pour moi un doux bonheur d'aller les voir, de leur parler de l'exilé, et d'apporter au retour de leurs nouvelles à l'époux et au père infortuné.

Malheureusement ce projet de relâche en Sardaigne n'a pas pu se réaliser. Il fallait arriver à Bône le 28 octobre. C'était ainsi annoncé, et d'ailleurs ce jour était l'anniversaire du sacre de monseigneur Dupuch. Il fallait aussi être arrivé à Alger le 1er novembre pour y célébrer la fête de la Toussaint. Or, on pouvait craindre de voir tous ces beaux plans dérangés si l'on s'arrêtait à Cagliari. Les vents et les flots sont changeants. Nous pouvions être retenus en Sardaigne par des temps contraires ; un retard de vingt-quatre heures venait tout gâter. Le concile des évêques, ou si vous aimez mieux le conseil s'assembla à bord pour en délibérer. On voulut avoir, comme c'était raisonnable, l'avis du commandant, et celui-ci, avec la prudence d'un vieux marin qui se confie tant qu'on veut, mais ne se fie jamais à la mer, conseilla sans hésiter de prendre le parti le plus sûr. Durant la délibération, les yeux tournés vers la Sardaigne où une douce brise, comme un souffle béni de la Providence, semblait nous pousser, j'avoue que je faisais des vœux ardents pour qu'on s'en tînt au projet primitif.

En nous annonçant qu'il était abandonné, on nous dit que, puisque le temps le permettait, on célébrerait au moins en face de Cagliari l'office des saints Confesseurs, en l'honneur d'Augustin et aussi en manière de salut pour la cité hospitalière. Aussitôt tous les préparatifs sont faits pour la cérémonie à laquelle monseigneur de Châlons est prié de présider. En même temps *le Ténare*, qui marche de conserve avec nous, reçoit avis de notre changement de direction. On essaye même de lui faire comprendre, au moyen de ce langage des signes usité en mer, et qui s'exprime par la couleur variée des pavillons, la cérémonie qui allait avoir lieu et à laquelle il était invité de s'unir. Les vêpres solennelles des Confesseurs commencent ensuite, et ce sont ces chants, ces préparatifs, toute cette pompe religieuse qui dans ce lieu, à cette heure, entre cette mer et ce ciel, ont pris tout à coup à mes yeux un caractère ravissant de sublimité.

Jamais je n'ai mieux compris, en effet, qu'en ce moment la beauté et aussi la nécessité de la prière. Tantôt la prière sortait de mon cœur comme un cri d'enthousiasme. Portée sur ses ailes de feu, mon âme montait à travers ces espaces infinis au milieu desquels nous flottions et s'élançait dans le sein de Dieu. Tantôt c'était le soupir de ma misère et le cri de mon néant. Suspendu sur un gouffre sans fond, entre l'immensité des cieux et l'immensité des mers, le pied posé sur ce cratère ardent qui mugissait dans les entrailles du navire, je me sentais emporté comme un atome léger et impuissant. Mon existence me semblait comparable à celle de la goutte d'eau perdue au sein de l'Océan ou à la fumée que *le Gassendi* vomissait.

A la fin des vêpres, le vénérable évêque de Châlons a pris entre les mains les saintes reliques et il s'est avancé gravement au milieu du pont. Tourné du côté des rivages de la patrie que nos yeux ne pouvaient voir, il a béni d'abord solennellement, ou plutôt le bras d'Augnstin a béni pour lui la France, cette mère magnanime et bien-aimée qui porte dans son sein tant de grandes pensées et qu'on ne peut quitter un instant sans ressentir aussitôt pour elle cet attachement tendre et exalté qu'elle inspire à ses enfants.

Le vénérable prélat a béni ensuite l'Afrique, la patrie d'Augustin ; France nouvelle qui nous appartient doublement, par le droit des armes et par celui des idées, et où nous semons à l'heure qu'il est les germes d'une grande civilisation pour l'avenir.

Enfin il a béni la Sardaigne que nous laissions à regret, et qui avait bien droit à ce souvenir et à cet hommage.

L'instant de cettre triple bénédiction a été un instant sublime. La voix du pontife était altérée par l'émotion. On sentait à ses paroles que son âme avait reçu l'impression de cette scène magnifique qui se déroulait sous nos yeux. Elles sortaient de son cœur imprégnées en quelque sorte de tous les sentiments que cette scène faisait naître, et que j'aurais voulu pouvoir vous exprimer.

Après les vêpres, monseigneur l'archevêque de Bordeaux a adressé quelques mots à l'équipage. Les matelots se sont aussitôt rangés en cercle autour de lui. Parmi eux j'avisai un vieux gargoussier qui tenait dans ses mains noircies un livre d'Heures. Je l'avais vu quelquefois assis dans l'entrepont et lisant. Sous sa mine de Sainte-Barbe, il avait un aspect recueilli et grave qui m'a frappé, et je suis sûr que si jamais *le Gassendi* reçoit son baptême de feu, mon vieux gargoussier fera vigoureusement son devoir. Devant les matelots se trouvaient les petits mousses, nu-pieds, nu-tête, avec leur air d'écureuil éveillé et étourdi qui me charmait.

Le noble orateur, comme s'il avait été le missionnaire ou le curé d'autrefois, a adressé à tous ces hommes des paroles simples et affectueuses qu'ils comprenaient très-bien et dont on voyait qu'ils étaient touchés. Il leur recommandait la fidélité aux habitudes et aux résolutions pieuses de

leurs premières années passées sous le toit paternel, au milieu de la religieuse Bretagne. Il leur
faisait entendre la voix de leur mère qui priait pour
eux peut-être en ce moment, et de ce curé dont les
conseils avaient guidé et éclairé leur jeunesse. Il
leur rappelait les sentiments si purs et les émotions si vives qu'ils avaient éprouvés le jour de
leur première communion. Il les exhortait à ne pas
oublier ce Dieu qui avait été si bon pour eux, ce
Dieu qui était si grand, et dont la puissance se ma-
nifestait si admirablement dans tous ces beaux et
terribles spectacles qui frappaient si souvent leurs
yeux dans leur vie de marin.

Que tout cela était touchant, cher ami, et com-
bien la religion paraissait en ce moment imposante! Ah! qu'il est triste de penser que sa voix
ne se fait plus entendre sur nos navires, et que ses
consolations et ses secours sont refusés précisément
à ceux dont la vie pleine de fatigues et de périls en
aurait le plus besoin! Puisse un jour notre pays le
comprendre! Puisse-t-il rappeler sur ses flottes et
dans ses armées les ministres de Dieu, et avec eux
la prière, qui attire la bénédiction du ciel! Puissent surtout ces ministres se montrer toujours
dignes, plus dignes peut-être en général, que par
le passé, de leur sublime et difficile mission!

Mais tandis que je me livre avec vous, cher ami,
à ces réflexions dont je vous laisse apprécier la jus-

tesse, j'entends piquer deux coups à la cloche du bord suspendue au-dessus de ma tête. Cela signifie qu'il est six heures, c'est-à-dire l'heure du dîner. Je m'empresse de me rendre à cet appel. Depuis deux jours que la mer m'a mis au grand jeûne, je n'ai pas éprouvé le besoin de prendre de la nourriture, bien au contraire. Mais en ce moment un vide pénible se fait sentir, et il me semble que l'estomac s'est ranimé déjà aux douces brises que les terres voisines nous envoient.

Adieu, donc; ce soir, si je le puis, je reviendrai causer encore un peu de temps avec vous pour mettre à jour mon livre de bord. Je ne vous ai pas encore parlé de notre départ de Toulon et de notre traversée jusqu'ici. Me voilà maintenant plus que jamais obligé de faire un récit exact et complet. Vous saurez que le concile qui s'est tenu aujourd'hui à bord du *Gassendi* m'a nommé historiographe de l'expédition. On m'a tant vu griffonner de papier qu'on m'aura pris pour un écrivain. Je veux bien accepter cet honneur, quoique j'en sois très-indigne. Mais ce sera à condition que les fonctions d'historiographe qu'on veut me donner se confondront avec celles d'annaliste que je me suis attribuées avec vous, et que ces lettres, telles qu'elles soient, serviront à m'acquitter envers tout le monde.

LETTRE QUATRIÈME.

A bord du *Gassendi*, même jour, neuf heures
du soir.

Me voici, cher ami, parfaitement établi dans le
salon de l'état-major, sur une belle table d'acajou
qui sert à la fois à ces messieurs de bureau et de
table à manger. Les officiers viennent de rentrer
dans leurs jolies cabines, semblables à des bou-
doirs, et dont les portes ouvrent sur la pièce où je
me trouve. Je suis seul ici et je pourrais me croire
seul sur *le Gassendi*. Le plus grand calme règne à
bord. Il n'y a sur le pont que les hommes de quart
qui veillent en silence. On a ralenti la marche du
navire parce que nous approchons des côtes d'Afrique, toujours dangereuses. D'ailleurs, notre capitaine, qui n'est jamais venu à Bône, ne se soucie
pas d'entrer en rade pendant la nuit. L'humidité a
forcé tout le monde à déserter le pont. J'ai tenu
bon tant que j'ai pu. Il me semblait qu'il était de
mon devoir d'historien de retracer quelques-unes
des beautés qu'offre en mer le spectacle d'une belle
nuit. Mais je l'avoue à ma honte, les froides impressions du serein ont éteint les impressions poétiques que j'attendais, et après un assez long combat

entre le corps et l'esprit, tout ce que j'ai pu faire de mieux ç'a été de ménager à ce dernier une retraite honorable en me réfugiant ici. J'ai vu en traversant le cadre qui nous sert de dortoir, que mes compagnons avaient presque tous regagné déjà leurs étroites couchettes. Seulement, assis sur le bord de son lit, mon voisin, M. l'abbé E., chanoine de C., en toilette de nuit, se hâte d'écrire, à la faible lueur du fanal, ses dernières notes de la journée sur son album. Dans le salon du capitaine, qui est le quartier général des évêques, trois prélats veillent encore. Deux d'entre eux disent leur bréviaire, et le troisième, monseigneur de Châlons, écrit. Au reste, monseigneur de Châlons écrit sans cesse. Il est le plus vieux et le plus alerte de l'expédition. Il ne craint pas du tout la mer. Elle ne lui a pas fait interrompre un seul instant ses habitudes de prière et de travail. Il se lève à quatre heures du matin, chaque jour, au risque de troubler un peu le sommeil de ses révérendissimes voisins, et fait en un mot à bord du *Gassendi* comme s'il était chez lui ou dans un monastère bien réglé. Pour moi, cher ami, je veux ce soir imiter ce saint et laborieux prélat, et puisque, d'ailleurs, je n'ai pas la moindre envie de dormir, je vais profiter de ce moment de calme pour reprendre, si vous le trouvez bon, et continuer notre odyssée.

Mon récit, interrompu par ma dernière lettre,

finissait, si je ne me trompe, le 24 au soir à Toulon. Le lendemain était le jour du départ. A sept heures du matin nous étions tous réunis dans l'église de Notre-Dame. Monseigneur l'évêque d'Alger y a célébré une messe basse à l'issue de laquelle il a adressé quelques paroles d'adieu et de remercîments à l'évêque de Fréjus et à ce bon peuple de Toulon qui venait de montrer en cette circonstance tant de dévotion et d'empressement. Nous nous sommes tous rendus ensuite processionnellement au port. Les reliques étaient portées par quatre prêtres de la ville en habits sacerdotaux. Le temps était magnifique et annonçait la plus heureuse traversée. Une foule immense remplissait les quais où nous défilions. Les bâtiments du port étaient pavoisés. La mer étincelait sous le soleil du matin. Les fenêtres et les terrasses des maisons étaient garnies de spectateurs. Le bruit du canon se mêlait au son de toutes les cloches de la ville et à nos cantiques. Ce fut un admirable moment et dont je ne perdrai jamais le souvenir.

L'amiral Baudin, entouré d'un grand nombre d'officiers de marine, attendait les évêques et leur suite à l'embarcadère. Le vainqueur de Saint-Jean d'Ulloa, noblement mutilé par la victoire, s'honorait aux yeux de tous par cette attention délicate en honorant la religion. Son canot était armé et prêt à recevoir les reliques ainsi que les évêques. Douze

rameurs en grande tenue, vêtus de vestes blanches, se disposaient à les conduire à bord du *Gassendi*. Au moment où, accompagnés des voeux de tout ce peuple, nous allions quitter le rivage pour regagner nos navires respectifs et commencer notre saint pèlerinage, une dernière scène, et qui ne fut pas la moins touchante, nous arrêta. Monseigneur l'évêque de Fréjus, les larmes aux yeux, embrassait ses vénérables collègues. J'ai retenu ses courtes paroles; elles sont entrées dans mon âme : « Rece-
» vez mes adieux, » disait le saint vieillard qui restait à regret enchaîné au port; « oh! comme je
» voudrais vous accompagner! Du moins mes voeux
» vous suivront. Daigne la divine Marie, l'étoile de
» la mer, devenir votre boussole et luire sur vous
» pendant la traversée! Puisse l'ange du Seigneur
» vous accompagner; puisse-t-il apaiser sous vos
» pas les flots soulevés, vous diriger, vous conduire
» jusqu'au port, heureux terme de vos désirs!
» Puissiez-vous bientôt rendre à sa chère Hippone
» les restes précieux d'Augustin. Je prierai pour
» vous, tout mon clergé, tous mes enfants prieront
» avec moi. Nous demanderons au Seigneur un
» heureux voyage et un heureux retour. »

A dix heures, tous les passagers du *Gassendi* et du *Ténare* étaient à bord; les deux paquebots, à peine retenus par une ancre, se balançaient sous leur nuage de fumée. Tout se préparait activement pour le départ. Voulez-vous avoir la liste exacte de ceux qui allaient accomplir ce saint et intéressant pèlerinage? La voici :

A bord du *Gassendi :*

1° Sept évêques : Messeigneurs de Bordeaux, d'Alger, de Châlons, de Marseille, de Digne, de Valence, de Nevers.

2° Sept prêtres : MM. Tempier, vicaire général de Marseille ; Estrayer, chanoine de Châlons ; Chenu, chanoine de Valence ; G'Stalter, chanoine et secrétaire général d'Alger ; le vieux Père Gervais, trinitaire espagnol, qui est en Afrique depuis quarante-quatre années, et qui a vécu longtemps à Alger sous le dey ; moi, enfin, qui me trouve plus modeste à la première qu'à la troisième personne, n'en déplaise à César.

J'allais oublier de mentionner un curé des environs de Marseille, qui, au grand ébahissement de son évêque, est sorti tout à coup du fond du navire au moment du départ.

Il y avait de plus à bord du *Gassendi* M. B. Dupuch, de Bordeaux, oncle de l'évêque d'Alger, et madame Dupuch sa femme, ainsi que M. le docteur Villeneuve de Marseille.

A bord du *Ténare* se trouvaient :

1° Seize ecclésiastiques, savoir :

MM. De la Tour, vicaire général de Bordeaux ; de Poux, vicaire général de Bourges ; Meyrieu, vicaire général de Digne. Jeancard, chanoine de Marseille; Bondil, chanoine de Digne; Pelletan, chanoine archiprêtre d'Alger; Barthe, chanoine de Rhodez; Nestolat, secrétaire de Digne; Dioulouffet, vicaire de Saint-Jean-d'Aix; Boyer, secrétaire particulier de monseigneur Dupuch; deux Pères jésuites et deux prêtres d'Avignon dont je ne sais pas le nom; enfin le curé du Luc, diocèse de Fréjus, et le curé de Cherchell en Algérie.

2° Plusieurs religieux de Saint-Jean de-Dieu, sous la conduite de leur supérieur, le frère de Magalon. Celui-ci, comme monseigneur de Prilly, l'évêque de Châlons, est un ancien officier, et sur son froc d'hospitalier brille l'étoile de la Légion d'honneur.

3° Une troupe de religieuses appartenant à la doctrine chrétienne de Nancy.

Debout, sur le pont du *Gassendi*, nous n'attendions plus de notre côté que le moment de lever l'ancre et de partir, lorsqu'on vint annoncer qu'il y avait un dérangement dans la machine à vapeur dont on ne pouvait se rendre compte. Tout paraissait à sa place et dans le meilleur état possible, et cependant le premier mouvement des roues n'arrivait pas, et il ne pouvait pas même être imprimé à l'aide du cabestan. Un ingénieur fut demandé à l'amirauté pour examiner chaque pièce, et voir si c'était un pur caprice de la machine, ou bien si

quelque chose avait souffert. Les matelots tenaient
pour la première hypothèse, et, avec leur manière
de tout animer à bord, ils prétendaient que leur
machine, après s'être fait un peu *tirer l'oreille*, se
mettrait d'elle-même à marcher. Malgré cela nous
étions tous fort en peine de ce fâcheux contre-temps,
et nous attendions avec inquiétude le résultat de
l'examen de l'ingénieur. Pour nous faire prendre
patience, l'évêque d'Alger nous conta cette légende
que j'avais lue la veille dans mon volume des Bollandistes, et qui est tirée du récit de l'excellent
Pierre Oldradus :

« Le roi Luitprand s'étant hâté de venir avec
» grande pompe au devant des reliques du bien-
» heureux Augustin, lesquelles, achetées par ses
» soins aux Sarrasins de Sardaigne, il savait être
» arrivées heureusement à Gènes, s'avança jus-
» qu'aux confins de Derthone. Là, ayant rencontré
» le saint, et voulant rendre à un tel père les hon-
» neurs qui lui étaient dus, il passa toute la nuit
» en prière devant sa châsse, comme un simple
» homme du peuple.

» Or, le lendemain, à la pointe du jour, comme
» tout le cortége se préparait à continuer la route
» vers Pavie, on ne put d'aucune façon mouvoir et
» emporter le corps saint. Le roi Luitprand voyant
» un grand nombre d'hommes faire depuis long-
» temps de vains efforts pour soulever le cercueil,

» déchira ses vêtements, et se prosterna la face
» contre terre en pleurant. Lui, qui brûlait d'un si
» ardent désir de transporter en sa ville de Pavie
» ces tant précieuses reliques, il avait maintenant
» perdu tout espoir de les arracher du lieu où elles
» étaient. Les évêques, les grands du royaume
» étaient stupéfaits en voyant le prodige, et ils
» cherchaient quelle pouvait être la volonté du
» Dieu tout-puissant au sujet des reliques du glo-
» rieux docteur. Il y avait dans cette foule de pré-
» lats, l'évêque de Novarre, Gratien, de sainte mé-
» moire, homme très-illustre, versé en toute espèce
» de science, et vrai prêtre de Dieu. Il s'avança
» du roi Luitprand et lui dit tout bas à l'oreille
» qu'il fallait chercher à toucher la miséricorde di-
» vine non plus par des paroles, mais par des ac-
» tions. Le roi ayant accueilli favorablement cet
» avis, après s'être lié aussitôt par un vœu, déclara
» que, si le Seigneur tout-puissant voulait bien lui
» permettre de porter à Pavie le corps d'Augustin,
» non-seulement il bâtirait une église pour l'y pla-
» cer convenablement, mais encore il accorderait à
» perpétuité à cette église la terre de Savina où
» l'on se trouvait. A peine le roi eut-il fait ce vœu,
» qu'il s'approcha du cercueil, et, ayant essayé de
» le soulever lui-même, il le trouva si léger qu'une
» seule personne aurait pu le porter, tandis qu'au-
» paravant plusieurs ensemble ne le pouvaient pas.

» On continua donc la route avec grande joie, et
» en remerciant Dieu, qui avait daigné écouter si
» bénignement le vœu du roi. »

La première partie du miracle de *Derthone* semblait se renouveler en ce moment ; nous n'o-
sions guère espérer la seconde, car personne n'était
assez riche pour voter une basilique à saint Augustin et lui consacrer des terres, de telle sorte qu'après
plusieurs heures d'attente vaine et d'efforts im-
puissants, notre navire étant toujours immobile à
la même place, nos craintes redoublaient. L'ingénieur n'avait rien trouvé à faire à sa machine, mais
elle n'en allait pas mieux. Enfin je ne sais qui s'a-
visa de toucher à quelques écrous qui étaient trop
serrés. On s'aperçut tout à coup que cette opéra-
tion donnait du jeu aux ressorts et répandait
comme une sorte de respiration dans tous les mem-
bres engourdis du mécanisme. Il était évident qu'on
avait mis la main sur la plaie, que le remède était
trouvé, et que nous allions marcher. Comme je
m'empressai d'aller en porter l'heureuse nouvelle
à monseigneur d'Alger, il me répondit sans s'émou-
voir et d'un air tout mystérieux : *Je le savais*. Je
ne crois pas me tromper en pensant que le pieux
prélat venait de renouveler le vœu du roi Luitprand.

Mais déjà *le Gassendi* bat les flots de ses grandes
ailes. Le capitaine, du haut de sa galerie de com-

mandement, donne les derniers ordres et surveille la manœuvre. Nous partons. *Le Ténare,* notre compagnon de voyage, nous suit de près. Il était alors deux heures; nous en avions perdu quatre à attendre. Retard fatal, car il devait nous faire manquer notre relâche à Cagliari! En ce moment nous n'y pensions pas, et rien ne venait troubler notre joie. Le temps était admirable. Secondé par une légère brise de terre, *le Gassendi* déployait toutes ses voiles, et, sous l'action combinée de la double force qui nous poussait, nous filions douze nœuds à l'heure.

Bientôt nous eûmes quitté la grande rade et pris la haute mer. Les rivages fuyaient rapidement derrière nous. La ville s'était effacée, et nous n'apercevions plus que les côtes élevées, voisines de Toulon, si pittoresques avec leur chevelure de pins. Nous laissions à gauche les îles d'Hières, et nous nous plongions résolument dans cet horizon sans limite qui s'ouvrait devant nous.

Il se fait entre l'âme humaine et la nature dans les grandes scènes de la création, lorsque rien au fond du cœur ne vient empêcher le contact et troubler l'harmonie, une union mystérieuse qui est pleine des plus pures et des plus vives jouissances. Jamais on n'éprouve mieux cela qu'en mer, surtout dans une première traversée, lorsque la nouveauté du spectacle ajoute encore à sa magnificence. Cette immensité qui se déroule devant vous, comme une image de l'infini ; ce ciel qui se confond au loin avec les flots ; cette plaine liquide et sans bornes qui s'étend tout autour comme un désert uni, étincelant, à l'extrémité duquel on aperçoit seulement de temps en temps quelques blanches voiles qui semblent toucher les nuages et flotter dans les airs ; le long sillage du navire qu'on suit mélancoliquement comme la faible trace imprimée sur le chemin de la vie par le pied des générations ; ce vif sentiment qu'on a de la grandeur à la fois et de la faiblesse de l'homme lorsqu'on le voit dominer en se jouant tous ces éléments dont la puissance est si supérieure à la sienne, mais qui, au premier moment de révolte, peuvent l'engloutir : tout cela saisit l'âme, la ravit et la confond.

Debout, sur le dernier banc de l'arrière, je ne voulais rien perdre de ce beau spectacle, et je me livrais avec une sorte d'enivrement à toutes les impressions et à toutes les pensées qu'il faisait naître en moi. Tantôt mon esprit flottait dans une vague et délicieuse rêverie, et tantôt de son aile rapide frappant l'onde amère, il s'envolait vers une barre épaisse de nuages qui émergeaient à l'horizon comme un fantastique continent. Quelquefois, du haut des mâts, semblable à une mouette, je suivais le travail des matelots dans les vergues, ou bien je descendais avec effroi dans les entrailles

de ce volcan dont les secousses formaient notre marche. *Le Gassendi* m'apparaissait alors comme une
chimère terrible vomissant la flamme et la fumée,
et sur la croupe de laquelle nous étions emportés.
Le petit mousse qui, de son pied agile, venait avec
sa mine riante remuer un cordage à mes côtés, ou
bien la vue du pilote qui était debout sous mes
yeux, courbé devant la roue du gouvernail, me ti-
raient de mon rêve. Mon esprit revenait à cet événement si extraordinaire que nous accomplissions,
à cette belle page d'histoire ecclésiastique que nous
écrivions. Je songeais à la gloire d'Augustin qui
n'avait rien perdu de son éclat après quinze siècles :
immortalité de la terre que l'humanité décerne
aux plus illustres de ses enfants, comme la plus
belle des récompenses, et que la religion accorde
aux siens par surcroît.

A notre sortie du port de Toulon, on m'avait
fait remarquer une vieille frégate invalide qui depuis longtemps aurait été démâtée si un grand
souvenir historique auquel elle se rattache ne l'a-
vait prise sous sa protection. C'est elle qui, trom-
pant la surveillance des escadres anglaises, ra-
mena autrefois Napoléon de l'Egypte. Naguère une
expédition qui avait quelque rapport avec la nôtre
allait chercher sur un aride rocher, perdu au sein
de l'océan, les cendres exilées du grand homme,
pour les rendre à sa patrie émue. Je comparais en

ce moment la gloire de Napoléon à la gloire d'Augustin, et le retour à Hippone au retour de Sainte-Hélène. Napoléon se montrait à mes yeux comme un brillant et terrible météore, ou bien comme un de ces astres voyageurs qui ne traversent les cieux qu'à de rares intervalles et dont l'apparition étonne et épouvante le monde. Augustin, c'était un astre paisible, qui, levé sur la terre depuis de longs siècles, n'avait pas cessé d'y répandre une douce et bienfaisante lumière. Je me demandais ce qu'il en serait dans quinze cents ans d'ici, au milieu des générations humaines, du nom et de la gloire de Napoléon ; je me demandais surtout ce qu'il en serait de son œuvre, et si le monde aurait gardé quelque trace de cette profonde empreinte qu'il avait imprimée à son époque. O grandeurs humaines, que vous êtes vaines ! et que vous êtes solides, grandeurs de la religion ! Tandis qu'à cette heure, dans tout le monde catholique, l'action d'Augustin est toujours vivante, et que l'enfant même connaît et bénit son nom, dans quelques mille ans d'ici, le pêcheur de la Seine, assis peut-être sur les ruines du magnifique tombeau qu'on élève aux Invalides, ignorera qu'il foule aux pieds les débris d'une grande ville et les débris d'une grande renommée. Ah ! mieux valait, comme on l'a dit, laisser les restes du grand homme sur le rocher solitaire autour duquel le génie des tempêtes fait la garde, et défendu par l'Océan contre le génie des révolutions, que de venir le confier à cette terre qui tremble sans cesse, et qui peut-être les aura bientôt dévorés. Terre d'Hippone, vous ne traiterez pas ainsi les ossements que nous allons vous rendre. Nous les verrons refleurir avec une séve nouvelle sur vos saintes collines! Et l'humanité, tant que durera son pèlerinage, pourra toujours venir s'asseoir à l'ombre des vertus d'Augustin et se nourrir des fruits de son génie.

Cependant, au milieu de ces méditations, le jour baissait et le temps commençait à fraîchir. De petites rafales venaient rider la face des flots et s'essayaient à soulever quelques courtes vagues qui venaient battre les flancs du navire et augmenter son mouvement. Peu à peu le pont se dégarnissait; les plus impressionnables au mal de mer avaient déjà gagné leur cabine, après avoir payé ce triste tribut que vous savez, et dont si peu sont exempts. Notre excellent évêque de Digne avait donné le signal de la débâcle; son exemple avait été contagieux : je voyais pâlir non loin de moi monseigneur Dufêtre, appuyé sur un affût de canon. Sa vigueur s'indignait de se trouver à demi vaincu. Le prélat faisait contre la nauséabonde influence d'héroïques et désespérés efforts. Enveloppé dans une légère douillette de mérinos noir, la canne à la main, monseigneur de Prilly se promenait vivement; le roulis troublait quelquefois l'équilibre et la direction de ses pas, mais l'évêque allait toujours ; ses lèvres étaient légèrement blêmes, sans qu'on pût dire si c'était par l'influence de la mer ou de la fraîcheur du soir.

Pour moi, j'avais la tête prise et toute troublée, comme si les vapeurs du vin m'étaient montées au cerveau. J'espérais encore pourtant échapper aux plus cruelles atteintes du mal et ne pas passer par les dernières extrémités. Assis sur mon banc, l'imagination et la pensée éteintes, je me livrais machinalement au mouvement du navire. Monseigneur l'évêque d'Alger, qui ne craint pas du tout la mer, se trouvait à mes côtés. Couvert d'un beau burnous blanc dont j'admirais le fin tissu, on aurait pu le prendre pour un marabout du désert, ou bien, au milieu de cette obscurité qui commençait, pour le fantôme de l'Église d'Afrique ressuscitée.

J'appris alors de la bouche de monseigneur Dupuch tous les détails des voyages qu'il avait faits et des négociations qu'il avait entreprises pour obtenir le précieux trésor dont il allait doter son église d'Hippone. Ces détails seraient trop longs à répéter ici, et d'ailleurs ils ont été publiés par le prélat lui-même dans divers mandements. Mais, pour compléter mon récit de la translation actuelle, je veux vous dire un mot, cher ami, des circonstances qui ont accompagné la remise des reliques à Pavie et du voyage depuis Pavie jusqu'à Toulon, ce qui forme, à vrai dire, la première partie de l'histoire que j'ai entrepris de vous raconter. Vous allez vous écrier que ma narration marche à la manière des écrevisses, lentement et à reculons; mais que puis-je y faire? chacun marche de son mieux, et, pour moi, je vous écris ce que je sais, et à mesure que je le sais.

Donc, le 25 mars 1839, monseigneur l'évêque d'Alger, visitant son vaste diocèse, priait pour la première fois sur les ruines d'Hippone. Pour la première fois aussi, sur une pierre informe, transformée à la hâte en autel, à la place peut-être où s'élevait la basilique de la Paix, il offrait le sacrifice interrompu depuis tant de siècles. Là une de ces belles pensées qui s'emparent tout à coup de l'âme et la dominent lui fut envoyée du ciel. Il résolut dans son cœur d'élever sur la colline déserte d'Hippone, au milieu des oliviers sauvages qui la couvrent, un monument à la gloire d'Augustin. Aussitôt, saisissant son bâton pastoral, il en trace sur la poussière les contours, et de cette même place il écrit aux évêques de France pour les prier de s'associer à sa glorieuse et sainte entreprise. Son appel est écouté comme il devait l'être. Bientôt de généreuses offrandes permettent d'entreprendre les travaux. Tout marche rapide-

ment, et l'inauguration du monument, qu'une statue en bronze d'Augustin doit couronner, est fixée
au 28 octobre 1842 , anniversaire du sacre de
l'évêque d'Alger.

Mais Hippône, veuve de son grand et saint pontife, demandait de lui quelque chose de plus qu'une
vaine image. Monseigneur Dupuch tourna alors les
yeux du côté de Pavie, où reposaient, sous la triple
garde de l'évêque, du chapitre et des podestats, les
reliques d'Augustin. La vieille cité lombarde vou-
drait-elle céder quelque partie de ce trésor qu'elle
possédait depuis plus de onze siècles? La chose était-
elle même possible après les bulles des souverains pontifes qui, sous peine d'excommunication,
défendaient d'en rien détacher? L'évêque d'Alger
résolut, avec l'ardeur qui le caractérise, de tout
tenter pour surmonter les obstacles et obtenir ce
qu'il souhaitait. Dans un premier voyage à Rome
et à Pavie, il vint sonder le terrain et disposer
les esprits. Partout, il faut le dire, il trouva les
meilleures dispositions. Ce retour d'Augustin à Hippône souriait à tous les cœurs catholiques, et les
obstacles s'aplanirent d'eux-mêmes sous ses pas.

On était alors au mois de mars de cette année 1842. Monseigneur l'évêque d'Alger passa la
semaine sainte en quelque sorte aux pieds d'Augustin, devant le magnifique monument que le

vénérable évêque de Pavie lui a fait élever dans sa cathédrale. Il avait reçu dans la pieuse cité de Saint-Cyr le plus cordial accueil, et comptant plus que jamais voir ses vœux couronnés, il demandait dans des suppliques adressées, la première au pape, les autres à l'évêque, au chapitre et aux magistrats de Pavie, le don d'une relique insigne d'Augustin.

La réponse de l'évêque de Pavie, monseigneur Tosi, que l'évêque d'Alger m'a lue, est très-belle. Elle est écrite en latin, de ce style pur, noble, harmonieux et plein, qui rappelle Cicéron, et dont Sadolet et Bembo on laissé la tradition en Italie. J'en ai demandé une copie que je veux vous envoyer avec ma lettre, car je sais que vous aimez la langue de l'antiquité. J'y joindrai à la même intention une copie du bref du pape Grégoire XVI, qui autorise le don de la relique demandée. Vous verrez avec intérêt, à la suite de ce bref, les instructions détaillées qui ont été données par la cour de Rome dans cette circonstance. Elles vous prouveront le soin qu'elle prend des choses religieuses et le respect quelle a pour saint Augustin.

Cependant, après avoir ainsi tout préparé pour le succès de son entreprise, monseigneur l'évêque d'Alger était retourné en Afrique, attendant l'heureux résultat de ses démarches. Six mois après, toutes les difficultés étaient levées, le prélat prenait de nouveau la mer. Il partait le 1er octobre, il y a aujourd'hui vingt-sept jours. Le 12, il arrivait pour la seconde fois à Pavie, où tout était d'avance disposé pour l'extraction et la remise de la relique.

Le même jour, l'évêque de Pavie, accompagné de celui d'Alger, se rendait à la cathédrale en procession. Là, en présence des podestats et du chapitre, après lecture faite du bref du souverain pontife, au milieu d'un peuple immense accouru pour être témoin de la cérémonie, la châsse d'Augustin fut ouverte solennellement ; monseigneur Louis Tosi en retira l'os du bras droit, qu'il posa sur un bassin d'argent, et qui fut remis à monseigneur Dupuch, après que des médecins eurent examiné et à haute voix désigné la relique. Aussitôt la châsse du saint fut de nouveau fermée et scellée ; l'évêque d'Alger, tenant en ses mains, couvert d'un riche voile, son précieux trésor, bénit le peuple, et regagna le palais épiscopal, tandis que l'hymne des saints Docteurs retentissait sous les voûtes de la basilique.

Afin de reconnaître de quelque manière le don qu'il recevait, monseigneur Dupuch a voulu laisser à l'église de Pavie son anneau pastoral en signe d'alliance et de mutuelle amitié. Il lui a aussi donné un fragment de mosaïque trouvé dans les ruines d'Hippone, et qu'on a placé le 13 octobre dans la chapelle où s'élève le tombeau d'Augustin avec cette inscription :

HIPP. REG. CCCCXXVIII.
† ANT. ADULPH. EP.
ECCL. HIPP. REN.
GRATI DABANT.
TICINUM MDCCCXLII.
ALOYS. EPISC.
CAP. VENER.
CIVIBUS PAPP.

Le 16 de ce mois d'octobre, monseigneur l'évêque d'Alger quittait Pavie et prenait la route de Milan. Le même jour il réunissait un instant, dans une touchante et pompeuse cérémonie, Ambroise à Augustin, le père à son fils : heureuse réunion et qui dut faire tressaillir de joie les restes sacrés de ces deux grands hommes! Le 17, de grand matin, le prélat quittait Milan et rentrait en France en passant par Novarre, Verceil, Turin et Nice. Partout les populations se pressaient avec enthousiasme sous ses pas. Elles ne pouvaient se lasser de voir en l'évêque d'Alger les prémices de l'apostolat de la nouvelle église d'Afrique, et de vénérer en même temps les reliques du plus grand homme et du plus grand saint que l'ancienne église d'Afrique ait produit.

Le 21, à neuf heures du matin, Augustin touchait le sol de la France, sa nouvelle patrie; et le soir du même jour il arrivait à Fréjus, où monseigneur Michel, environné de son clergé et d'une foule de fidèles, allait le recevoir à la porte de sa ville épiscopale.

Enfin, le 22, le saint cortége grossissant à chaque station, traversait rapidement Vidauban, le Luc, Pignans, Cuers, Solliers-Pont, et après avoir reçu partout les hommages les plus touchants il arrivait, comme je vous l'ai dit, au champ de Mars de Toulon, à cinq heures du soir. Maintenant vous savez le reste, jusqu'au moment où je vous écris. Car, à vrai dire, ce que nous avons fait hier ne vaut guère la peine d'être conté.

Quand vous vous irez en mer méfiez-vous des bonbons de Malte. Je tenais encore sur ce banc d'arrière où vous m'avez vu écoutant l'évêque d'Alger, lorsqu'un bonbon de Malte, qui m'a été offert, a déterminé précisément la crise qu'il devait conjurer. Il m'a fallu bien vite aller me cacher à fond de cale de ma couchette, où je suis resté comme à peu près tout le monde durant cette triste journée d'hier. Le temps, quoique frais, était pourtant, disait-on, fort beau, mais non pour des marins d'eau douce comme nous. Enfin le calme d'aujourd'hui et le magnifique spectacle dont nous avons été témoins ont fait oublier complétement les maux d'hier.

Je vous quitte, cher ami, et je vais essayer de

prendre quelque repos. Il est minuit ; demain à notre réveil nous saluerons la terre d'Afrique. Ma première lettre, je l'espère, et je n'y songe pas sans émotion, sera datée des ruines d'Hippone. Adieu.

P. S. En rade de Bône, 28, sept heures du matin.

L'Afrique, ami, voilà l'Afrique ! Voilà Bône avec ses maisons blanches et ses minarets. *Le Gassendi* a jeté l'ancre dans la rade au point du jour. Je me suis éveillé au bruit du canon. Le navire semblait frémir de joie. Me voici sur le pont, prenant des informations et regardant de tous mes yeux. La ville est avertie de notree arrivée. Elle s'émeut ; elle descend sur les quais. J'entends le tambour dans la Casbah, au haut de la montagne. Un bataillon en sort et vient à notre rencontre. — Dans une heure nous serons à terre. Il nous faut attendre que les derniers préparatifs pour notre réception soient achevés. — Je ne me lasse point de regarder le tableau à la fois gracieux et sauvage que j'ai sous les yeux. En face de nous, un peu sur la droite, la ville, étageant les maisons, toutes surmontées de terrasses. Sur la pente de la montagne, pas de monuments, si ce n'est un vaste hôpital que nous avons bâti et dont j'aperçois les hautes murailles. Toujours en face de nous, sur la gauche, une plaine assez vaste, moitié marais, moitié prairie, qui va

des rivages de la mer aux montagnes de l'Edough
dont la haute chaîne ferme le paysage. L'aspect de
ces montagnes est très-sévère. Le kabyle se cache
dit-on, dans leurs gorges. On n'y voit nulle habitation, si ce n'est de loin en loin quelques marabouts
blancs, tombeaux vénérés des santons arabes. Je
cherche à notre gauche, au fond de la rade, l'emplacement et l'image d'Hippone. On me montre
l'embouchure de la Seybouse, et sur ses bords deux
collines jumelles couvertes de beaux oliviers et qui
se baignent dans les eaux paisibles du fleuve. C'est
elle! c'est la cité d'Augustin. Le soleil la couvre de
ses feux et semble vouloir la ranimer. — Une ba-
lancelle tunisienne entre en rade. Elle m'apporte
le souvenir de Carthage et de saint Louis. Voici *le
Ténare*, il se dispose à prendre son mouillage à
quelques encâblures de nous. Nous échangeons des
saluts avec nos amis. Plus loin, à droite, du côté
d'une petite baie qu'on appelle la baie des Carrou-
biers, la goëlette de station à Bône porte gracieu-
sement ses mâts surmontés de légers pavillons. La
rade est formée de deux pointes, dont l'une va se
perdre dans les brouillards du matin, du côté de
la Calle; et l'autre, plus voisine de nous, du côté
de l'Ouest est surmontée du fort Génois. Ces Génois
ont donc partout laissé leurs traces. Au reste, il me
semble qu'ils ont dû trouver ici plusieurs des
aspects de leur patrie. Êtes-vous monté à Gênes

à *l'Albergo dei poveri?* Souvenez-vous de ces oliviers
vigoureux qui bordent le chemin, de cette terre
noirâtre et féconde qui les nourrit. Souvenez-vous
des pentes abruptes de l'Apennin et du ciel azuré
et de la mer Ligurienne. Je retrouve ici quelques-
uns des tons de ce paysage.

On vient nous dire de prendre nos habits de
chœur. Adieu ; tout se prépare pour une brillante
cérémonie.

LETTRE CINQUIÈME.

Bône, 29 octobre 1842, dix heures du soir.

Les deux jours qui viennent de s'écouler, cher ami, laisseront en moi d'ineffaçables souvenirs, Que ne puis-je vous retracer les impressions de toute nature que j'ai reçues au milieu de ces fêtes si touchantes, dans ce pays au passé glorieux, à l'avenir plein d'espérance, et dont la physionomie actuelle, mobile, variée, étrange, a pour moi quelque chose de si nouveau et de si piquant! Mais je sens que la fatigue me gagne, et qu'à force d'éprouver des émotions, je deviendrai tout à fait impuissant à les exprimer. D'ailleurs le métier que nous faisons, depuis que nous avons touché le rivage, de courir du matin au soir, pour tout visiter dans la ville et les environs, est un métier accablant. Mes lettres ne s'en ressentiront que trop. A la fois témoin, acteur et historien, plus j'aurai vu et moins peut-être pourrai-je vous raconter. Cependant, mon journal dût-il se borner à une aride chronique, je veux que vous en ayez la suite, et sans perdre ce soir plus de temps en préambule, je me mets à vous faire, vaille que vaille, le compte rendu de notre journée d'hier et de nos courses d'aujourd'hui.

Hier donc, à huit heures du matin, sous un soleil radieux, un vrai soleil d'été pour nous, *le Gassendi* et *le Ténare* avaient mis toutes leurs chaloupes à la mer. Les rameurs, l'aviron levé et l'œil sur l'officier qui tenait en main le gouvernail, attendaient le signal du départ. Nous étions mouillés à un quart d'heure du rivage, entre deux pointes, dont l'une, à l'est, est formée par le fort Cigogne, qui défend la rade, et l'autre, à l'ouest, par une masse de rochers qui, vus de loin, quand on arrive à Bône, ressemblent à un lion colossal. La mer était unie comme un cristal, et le débarquement de notre sainte et pacifique expédition a pu s'opérer dans le plus bel ordre. Ce court trajet que nous avions à faire de nos navires au port, a pris tout à coup la forme d'une procession sur les flots. C'était un tableau ravissant. Avec ce cadre étrange dont la plage africaine l'entourait, avec tous les souvenirs et toutes les pensées qu'il faisait naître, ce tableau a pris bientôt le caractère d'une pompe religieuse des plus solennelles et des plus attendrissantes.

Notre flottille, composée d'une douzaine de canots, s'avançait lentement. Les avirons tombaient et se relevaient en cadence, et d'un coup léger frappaient à peine la surface des eaux immobiles. Nos embarcations tenues l'une de l'autre à une égale distance, formaient dans la rade une légère courbe. Dans le canot d'honneur, seul, avec l'évêque d'Al-

ger revêtu de ses plus beaux ornements pontifi-
caux, s'avançait Augustin, dont la châsse de cristal
et d'argent brillait sous le soleil d'Afrique d'un
éclat inaccoutumé. Les autres évêques suivaient en
rochet et en mitre, et après eux les prêtres, distri-
bués sur différents canots, tous en habits de chœur.
Une chaloupe portait les religieuses de la doctrine
chrétienne, un autre les frères hospitaliers. Du sein
de chaque embarcation le chant des Psaumes s'élevait comme la voix du Seigneur du milieu des flots.
Nous répétions les cantiques de la joie et des espérances accomplies, le *Lætatus sum*, le *Benedictus*,
cet autre cantique dans lequel Israël célèbre sa dé-
livrance de l'exil égyptien et son retour dans la
patrie: *In exitu Israel*. Ces Psaumes, composés il y
a trois mille ans, semblaient faits pour la circonstance présente, tant ils offraient de belles et touchantes applications.

» *Béni soit le Seigneur qui nous visite et qui vient
» racheter son peuple,* » disait la voix qui s'élevait
de la mer.

« *Qu'il soit béni!* » répétaient tous les échos du
rivage.

Nous poursuivions : « *Il l'avait promis : il nous
» avait promis sa miséricorde; un jour nous devions
» être tirés des mains de nos ennemis et le servir sans
» crainte et en hilarité :* ut sine timore, de manu
» inimicorum nostrorum liberati serviamus illi. »

— Et de toutes ces plages, de toutes ces collines où dormait depuis tant de siècles, dans son linceul de sable et de verdure, l'église d'Afrique, des voix sublimes s'élevaient en répétant : « Miséricorde, » liberté ! »

« *Oui, il vient,* chantions nous avec enthou- » siasme, *il vient éclairer ceux qui sont dans les ténè-* » *bres ; tous ces peuples qui nous regardent assis à* » *l'ombre de la mort :* Illuminare his qui in tenebris » et in umbrâ mortis sedent. »

— Et les montagnes de l'Edough, d'où le kabyle caché nous regarde sans doute et nous écoute avec étonnement, semblaient répéter nos accents et accueillir nos espérances.

Cependant nous approchions de la jetée, où se pressait une foule nombreuse, aux costumes les plus variés. Un arc de triomphe s'élevait sur le quai, avec cette inscription : A AUGUSTIN, HIPPONE RENAISSANTE. Les autorités civiles et militaires, qui se disposaient à venir nous recevoir, n'étaient pas encore arrivées ; nous fîmes avant de débarquer quelques évolutions dans la rade. Dans une de ces évolutions nous nous étions dirigés du côté de l'embouchure de la Seybouse, comme si nous avions dû débarquer dans l'ancien port d'Hippone. Ce n'était qu'un premier salut que nous voulions envoyer de près à la cité d'Augustin, dont nous fîmes retentir en passant les collines de nos accents les plus joyeux et les plus touchants.

Enfin nous abordons. Le maire de Bône harangua très-convenablement, en très-bons termes, l'évêque d'Alger et les prélats voyageurs. Après lui, M. l'abbé Suchet, vicaire-général dans la province de Constantine, et dont la résidence est à Bône, prononça aussi une allocution pleine d'âme et de feu. J'ai pu me procurer une copie de ces deux discours et je les joins à ma lettre. Nous nous dirigeons ensuite processionnellement à travers des rues assez belles vers là place de la ville, où un autel a été dressé et où la messe doit être célébrée. Tout ce quartier de Bône est nouveau. Les maisons sont bâties à l'européenne, et nous pourrions nous croire en France, si de temps en temps nous n'apercevions quelque Bedouin déguenillé. Le costume misérable de ces Arabes ne m'étonne pas autant que leur air indifférent. Ils regardent à peine un spectacle dont la pompe et la nouveauté devraient pourtant les frapper. La population maure de la ville ne paraît pas. Nous n'avons vu en arrivant à la jetée que quelques enfants sales, quelques négrillons à moitié nus, nous attendant, les jambes dans l'eau jusqu'au genou.

Nous arrivons sur la place, qui est assez vaste : sur une des ailes du carré les maisons sont ornées

de portiques ; elles ont des balcons et des terrasses.
Au milieu de toute la population européenne, au
milieu de la garnison, qui fait retentir l'air des sons
de sa musique militaire, sous un soleil brûlant,
monseigneur l'évêque d'Alger célèbre la messe. A
moitié cachés derrière l'autel, j'aperçois enfin
quelques turbans africains et quelques beaux burnous. C'est une députation maure qui vient assister
à la cérémonie ; elle est conduite par le cadi de
Bône, et je vois avec intérêt, pour la première
fois, le beau type arabe ; des yeux noirs et vifs, le
teint un peu plombé, le visage ovale avec des lignes
très-régulières et que termine une barbe noire et
touffue.

Après la messe, monseigneur d'Alger, du haut de
l'autel sur lequel les reliques d'Augustin ont été placées, s'adresse à la foule qui remplit la place et les
maisons voisines. D'une voix animée, il retrace les
principales circonstances qui se rattachent au grand
et solennel événement qui s'accomplit : l'apostolat
d'Augustin sur cette terre que nous foulons, et où
nous ne saurions faire un pas sans rencontrer ses
traces ; sa mort au milieu d'Hippone assiégée par
les Vandales ; son exil, quand, après le triomphe de
la barbarie, on entendait sur ces plages des voix la-
mentables sortant la nuit du sein des ténèbres et
criant aux fidèles épouvantés : *Sortons d'ici, sortons d'ici !*... enfin son retour glorieux sous la pro

tection des bannières de la France. Ce retour ne va-t-il pas marquer une ère nouvelle pour le pays? Quand Augustin partit, les anges protecteurs de ces contrées s'exilèrent avec lui; ne vont-ils pas revenir aujourd'hui et accompagner de nouveau ses pas?

Le prélat trouvait des paroles brûlantes pour exprimer ces pensées et ces espérances que je vous indique à peine. A la fin de son discours, il eut une belle inspiration et qu'il rendit d'une manière très-pathétique. Étendant son bras sur le bras d'Augustin : « Joignons nos mains, s'écria-t-il,
» *jungamus dexteras!* O vous que je ne sais plus de
» quel nom appeler! Si je vous appelle mon père
» (ah! certainement vous l'êtes), je tremble d'u-
» surper le grand nom de votre fils. Si je vous ap-
» pelle mon frère, je rougis d'être aussi peu digne
» d'une telle parenté. Si je vous appelle mon pré-
» décesseur, mon ami, oui, vous l'êtes sans doute;
» mais que suis-je pour succéder à Augustin? Joi-
» gnons donc nos mains, *jungamus dexteras*, ô vous,
» qui êtes à la fois mon père, mon frère, mon pré-
» décesseur et mon ami; joignons nos mains pour
» bénir cette nouvelle Hippone, qui tressaille de
» joie aujourd'hui en vous recevant dans ses murs;
» pour bénir ce peuple que vous n'avez pas connu,
» mais qui veut être et s'appeler votre peuple; joi-
» gnons nos mains pour bénir ces valeureux guer-
» riers qui nous environnent et dont la bravoure a

» préparé le triomphe; joignons nos mains pour
» bénir ceux qui sont nos frères aussi, quoique sé-
» parés de nous par une foi étrangère; pour bénir
» enfin ces lieux, cette mer, cette terre que vos
» yeux contemplèrent jadis, et qui si souvent re-
» tentirent des accents de votre éloquence. »

Il est difficile de rendre l'impression produite
par ces paroles simples et pathétiques, et qui sortaient d'un cœur enflammé. L'orateur se trouvait
tout à coup à la hauteur de la scène imposante à
laquelle nous assistions, et sa voix traduisait les
sentiments et tous les souvenirs qui se réveillaient
en cet instant dans nos âmes.

La messe et le discours achevés, après les bénédictions données par chacun des évêques, nous allons toujours processionnellement déposer les reliques dans l'église de Bône. Quelle église! cher
ami! étroite, mesquine, à moitié ruinée, et qui ne
pouvait pas contenir seulement la moitié du cortége. Ah! j'en rougis pour mon Dieu, que je voudrais montrer si grand à ces barbares; j'en rougis
pour Augustin; j'en rougis pour mon pays. La
France, qui a déjà fait tant de grandes choses en
Algérie, n'a pas encore bâti une église digne d'elle,
digne de son culte. La chapelle de Bône est une
ancienne et misérable mosquée que les Maures
eux-mêmes avaient abandonnée, et où notre Dieu
est, pour un vil prix que paye le curé, le locataire

de je ne sais quel entrepreneur. Espérons que cette
ignominie infligée à notre culte aux yeux des infidèles, qui ont à Bône une jolie mosquée, finira
bientôt ; espérons que les pompes solennelles d'aujourd'hui communiqueront un élan religieux à cette
population, qui paraît heureuse d'y assister, et que
bientôt, sur ces rives qui sont les plus florissantes
et les plus paisibles de l'Afrique depuis notre conquête, Augustin, grâce au zèle de son successeur,
à la piété généreuse de son nouveau peuple, et au
concours empressé de sa nouvelle patrie, retrou-
vera une autre *Basilique de la Paix*, cette basilique
sur les ruines de laquelle j'ai été m'asseoir et mé-
diter aujourd'hui.

Car, oui, cher ami, je les ai enfin foulées, ces ruines d'Hippone ; j'ai pu satisfaire mon ardent désir
de visiter la cité d'Augustin, de respirer au moins le
même air qu'il avait respiré, de marcher sur les
mêmes traces, de voir les mêmes aspects.

A l'ombre des oliviers séculaires qui étendent
leurs rameaux sur le tombeau d'Hippone, j'ai pu
évoquer le fantôme de la cité endormie d'un si lourd
sommeil ; elle m'est apparue sous ses véritables traits.
Rien n'était changé ; c'étaient les mêmes coteaux
arrondis, les mêmes ondes qui les baignaient,
les mêmes montagnes bleuâtres du côté de Carthage, et près de nous la chaîne de l'Édough se
dressant toujours la même, avec ses gorges som-

bres et ses aspects sauvages. La Seybouse, roulant lentement ses eaux, semblait s'éloigner de nous à regret, comme autrefois lorsqu'elle s'arrêtait pour écouter la voix d'Augustin.

Mais je m'aperçois, ami, que je me laisse entraîner par mes impressions les plus récentes, et que j'ai tout à coup interrompu l'ordre de ma relation; ce n'est que ce soir, en effet, que nous avons pu visiter Hippone et ses environs, et, avant de vous raconter cette course, permettez-moi d'achever le récit des fêtes qui ont rempli notre journée d'hier et même la matinée d'aujourd'hui. Je puis le faire en quelques mots.

Hier donc, après les cérémonies de notre entrée à Bône, nous avons clos la journée par les vêpres solennelles, que monseigneur l'archevêque de Bordeaux a célébrées avec le plus de pompe possible dans cette pauvre église dont je viens de vous parler, et qui devait être bien étonnée de voir dans son sein sept évêques et un si nombreux clergé. Le prélat a adressé aux fidèles quelques mots d'édification remplis d'à-propos. Après l'office, nous avons assisté à un dîner que l'évêque d'Alger offrait à ses collègues devenus ses hôtes; puis chacun de nous a regagné son gîte, dont il avait grand besoin. L'excellent abbé Suchet s'était chargé de me trouver le mien, et il m'a conduit chez une bonne famille corse qui m'environne des soins les plus bienveillants.

Ce matin nous étions sur pied de bonne heure. Monseigneur l'évêque de Digne était l'officiant du jour; il a donné la communion et la confirmation à un assez grand nombre de personnes de tout âge, de tout sexe, et je puis ajouter de toute nation. Il y avait là, en effet, des Français, des Sardes, des Maltais, des Espagnols. Le costume des femmes était très-varié : le chapeau parisien se mêlait à la mantille espagnole et aux longs voiles blancs des femmes de Gènes et de Cagliari.

Monseigneur a adressé la parole avec émotion à ce pieux troupeau, qu'une retraite prêchée par un missionnaire de Lyon avait rendu assez nombreux et bien préparé. Je ne vous répéterai pas ici son éloquente improvisation ; le prélat a exprimé les sentiments qui remplissaient son cœur, il a dit les liens qui unirent autrefois son église à celle d'A-frique, liens qui venaient d'être si étroitement res-serrés. Il a fait, en finissant, l'éloge de l'évêque d'Alger, qu'il ne savait pas présent, et dont il avait connu à Paris l'édifiante jeunesse.

J'arrive enfin, cher ami, à la course intéressante que nous avons faite ce soir-là, et qui avait pour but de visiter l'emplacement d'Hippone et ensuite une tribu de Bedouins campée non loin de là sur les rivages de la mer.

La caravane épiscopale, à laquelle nous étions invités à nous joindre, devait, à cette fin, partir de Bône à trois heures, munie, plutôt par honneur que par besoin, d'une escorte de spahis et accompagnée d'un interprète que le général Randon avait mis à la disposition de nos prélats. Pour avoir plus de temps à donner à la visite d'Hippone, nous avons pris les devants sous la conduite d'un ecclésiastique qui connaît bien le pays. A une heure nous sortions de la ville par la porte de Constantine; nous nous dirigions à l'est vers des coteaux boisés qui n'étaient guère qu'à une demi-heure de nous. Le chemin que nous suivions le long de la plage n'était autre que l'ancienne voie romaine dont plusieurs vestiges restaient encore, et qui allait autrefois de Carthage au détroit de Gibraltar. A un quart d'heure de Bône, nous trouvons une petite rivière, c'est l'*Abou-gemma*, dont le nom arabe signifie, nous a-t-on dit, *Père de l'Église*. Serait-ce là un premier souvenir d'Augustin?

Nous passons l'*Abou-gemma* sur un pont de construction antique récemment réparé par les Français. Nous entrons ensuite dans un pays très-boisé, et nous foulons une terre noirâtre qui paraît être d'une étonnante énergie. Nous avons à droite et à gauche des forêts d'oliviers et de figuiers qui descendent des coteaux voisins à la mer. Les figuiers n'ont qu'un feuillage rare et peu vigoureux, mais les oliviers sont beaucoup plus élevés que ceux de la Provence, et de l'Italie. Leur tronc noirci par les années, et leurs branches que la main de l'homme n'a jamais touchées, affectent dans leur liberté sauvage les formes les plus fantastiques. Ils sont chargés de fruits très-petits. Quelques-uns seulement qu'on a essayé de greffer produisent des olives grosses comme des noix. Nous marchons dans un chemin encaissé entre deux haies vives de cactus, d'aloès et de jujubiers. Vous savez que les Arabes ont donné à Bône le nom d'*Uneba*, qui signifie la ville des jujubiers. Parfois du sein de tous les arbustes épineux nous voyons l'acanthe élever ses larges feuilles élégamment découpées, et qui, réunies en corbeille, ressemblent à ces chapiteaux corinthiens qu'on rencontre au milieu des ruines.

Nous étions en effet sur les ruines d'Hippone. La ville couvrait de ses édifices ces deux coteaux que nous gravissions et qui par une pente insensible descendent jusque sur les rives de la Seybouse, voisines de la mer. La nature était restée toujours jeune, toujours féconde, mais l'homme avait disparu et ses œuvres avaient disparu avec lui. Quelques pierres encore debout, voilà tout ce qui restait de la cité d'Augustin. Nous cherchions quelques souvenirs du grand pontife. Il nous semblait que tout ici devait nous parler de lui. Nous avons trouvé pour toutes ruines quelques débris incertains, et pour tous souvenirs quelques vagues traditions que nous avons pourtant pieusement recueillies, et qui peut-être vous intéresseront.

Sur celle des deux collines d'Hippone qui est la plus voisine de l'*Abou-gemma*, du côté de la mer, on rencontre en montant les restes d'un vaste édifice. Tout autour, de vieux oliviers, d'épais cactus aux larges raquettes ornées de pointes, des jujubiers et des grenadiers croissent sans culture et par la seule énergie d'un sol dont tout annonce la luxuriante fécondité. Le caractère de ces ruines, l'étendue du monument auquel elles appartiennent, la pesante solidité des murs et des voûtes, la situation même de l'édifice, tout fait croire d'abord que ce sont là les restes d'une église, peut-être la crypte de cette illustre *Basilique de la Paix* où retentit si souvent la voix d'Augustin et où fut placé son tombeau. Mais quelques indications que les lieux fournissent, et surtout des restes d'aqueducs, semblent assigner au monument une autre destination. Il est probable que ces restes n'ont rien de sacré et qu'ils appartiennent aux anciennes citernes d'Hippone, vastes réservoirs qu'alimentaient nonseulement les eaux du ciel, mais encore les sources de l'Edough amenées de plusieurs lieues à grands frais.

Quoi qu'il en soit, autour de cet édifice les Arabes des tribus voisines et les Kabyles des montagnes se réunissent quelquefois le vendredi comme en un rendez-vous religieux, et font alors sur les murs noircis des décharges d'armes à feu, en signe de réjouissance. Quelques-uns, non sans peine et sans péril, montent sur un pan de muraille, et dans l'angle de l'édifice, sur une large pierre que nous avons vue, ils font brûler des grains d'encens et se livrent à des pratiques superstitieuses. Ils croient que ce lieu est saint et qu'il faut avoir le cœur pur pour en approcher. Ils immolent même des victimes quand ils veulent se purifier. On nous a montré beaucoup de plumes qui viennent de ces sacrifices [1].

Quand on interroge les Bédouins sur le motif de leur croyance, ils répondent que là vivait jadis un grand *Roumi*, que son histoire était écrite sur la pierre, mais que cette pierre a été brisée, et que maintenant il revient quelquefois visiter les lieux qui lui furent chers. Plusieurs ont mérité de le voir, mais ils ne savent rien dire de lui, si ce n'est qu'il se montre toujours vêtu d'un burnous très-blanc.

---

[1] Les anciens Arabes sacrifiaient des coqs et un veau noir à des édifices qu'ils regardaient comme sacrés, tels que la Mecque, les Pyramides. Ils tenaient ces pratiques des Sabéens. Voir Sale, *Observations histor. et crit. sur le Mahométisme.*

Ce grand *Roumi* dont le souvenir plane encore sur les ruines d'Hippone n'est autre qu'Augustin. Quelque chose de sa mémoire et de son culte paraît dans ces merveilleux récits des Arabes et dans les grossières pratiques dont nous venons de parler. Dieu n'a pas permis que le grand évêque fût complétement exilé de ces rivages africains qu'il a tant illustrés; entre sa gloire passée et son triomphe d'aujourd'hui il y a une nuit de quatorze siècles que traverse cette faible lueur.

Au milieu de la ruine si complète de tout ce qui tient au christianisme en Afrique, ce souvenir, tout vague qu'il soit, du grand évêque d'Hippone est donc bien digne de remarque. Mais au reste le souvenir n'est pas autant inexplicable qu'il le paraît d'abord. Les Arabes n'ont aucun éloignement pour les grands personnages du judaïsme et du christianisme. Ils les adoptent même volontiers. En Orient, vous en avez été témoin, presque tous les lieux que nos souvenirs bibliques consacrent sont vénérés par les musulmans. Les Arabes qui au septième siècle arrivèrent à Hippone y trouvèrent des restes encore vivants de l'Église chrétienne dont Augustin avait été le chef illustre. Cette église, qui ne s'était pas sentie assez forte pour garder le corps de son père et pour le défendre contre les outrages des ennemis de sa foi, avait au moins gardé fidèlement sa mémoire, et après deux siècles à peine, nul doute que ses vertus ne fussent célébrées dans le lieu qui en avait été le principal théâtre. Elles furent, aussitôt après sa mort, l'objet d'un culte religieux dans toutes les églises d'Afrique, malgré les extrémités où ces églises se trouvèrent réduites par les malheurs qui vinrent fondre sur elles. Le *Martyrologe de Carthage*, publié par Mabillon, et qui remonte au cinquième siècle, porte déjà le nom d'Augustin, dont la fête est placée au 29 du mois d'août [1].

Au reste, de même que, parmi les villes de l'Afrique, Hippone fut celle qui défendit le plus vaillamment contre les barbares la domination romaine puisqu'elle résista à leurs attaques durant un long siége de dix-huit mois, de même parmi les églises de l'Afrique, Hippone fut celle qui défendit le plus longtemps contre les infidèles la foi et le culte qu'Augustin y avait établis sur de si solides fondements. Au commencement du douzième siècle il y avait encore quelques vestiges du christianisme à Hippone. C'est Grégoire VII qui a ordonné le dernier successeur d'Augustin, avant l'heureuse résurrection de son église à laquelle nous assistons. L'évêque ordonné à Rome par Grégoire VII s'appelait Servandus. Mais à cette époque tout vestige des anciennes provinces africaines était

---

[1] *Analect.*, t. III. Voir aussi Ruinart, *Acta martyr.*

tellement effacé que le pape place dans la Mauri-
tanie Hippone, la ville royale de la Numidie. Au
reste, pour le dire en passant, une erreur analogue,
erreur sans doute bien permise, a été commise à
Rome lors de la création de l'évêché d'Alger. Les
bulles désignent la capitale de la régence sous le
nom de *Julia Cæsarea*. Or, c'est Cherchell qui est
l'ancienne Julia Cæsarea. Alger paraît être à la
place d'Icosium, dont le titre (*in partibus*) a été
porté, vous le savez, par un des prélats qui font
partie de notre sainte expédition, monseigneur de
Mazenod.

On s'explique donc facilement le souvenir d'Augustin transmis ici des vaincus aux vainqueurs,
et ces derniers dans leur ignorance continuant
à leur manière un culte que leur religion ne con-
damnait pas.

Mais si les ruines de cet édifice qu'ils vénèrent
n'ont rien de sacré dans leur origine; si ce sont là
les restes d'un monument profane, pourquoi les
Arabes y rattachent-ils le souvenir d'Augustin? Au
bas de la colline d'Hippone, près du rivage de la
mer, non loin de l'embouchure de la Seybouse,
quelques pans de muraille encore debout, que
nous avons visités, sont, dit-on (ce que j'ai peine à
croire), les restes de la Basilique de la Paix, mais
ces débris pourraient bien être au moins les restes
d'une église; pourquoi n'est-ce pas plutôt à ces

vénérables ruines que nous conduisent leurs hommages? Une pieuse tradition dont on nous a parlé expliquerait tout; la voici : A la prise d'Hippone par les Vandales, les fidèles craignant de voir le tombeau d'Augustin profané par ces ariens, enlevèrent lee saints ossements de la basilique où ils reposaient et vinrent les cacher dans un édifice profane où ils devaient être plus en sûreté. Alors dans le mur épais de ces citernes, cette large pierre que mes mains ont touchée et dont les arches font une espèce d'autel, aurait véritablement reçù et gardé durant plusieurs années le cercueil du grand évêque, jusqu'au moment ou l'exil venant frapper les chefs de l'église d'Afrique, ceux-ci emportèrent en Sardaigne, comme je vous l'ai raconté, les reliques saintes dont cette terre, livrée désormais à la barbarie, ne semblait plus digne.

Ces traditions et ces conjectures dans lesquelles on pourrait se tromper sans rien enlever à la gloire d'Augustin et à la solennité de son retour à Hippone, ne manquent pas cependant de vraisemblance, et on a eu raison d'en tenir compte en cette grande circonstance. Le monument que les évêques de France ont élevé à Augustin et où demain nous viendrons apporter les reliques et inaugurer sa statue, se trouve placé non loin des citernes, ruines désormais sanctifiées. Ce monument est bien simple, mais la beauté du paysage et la majesté des souvenirs lui communiquent une sorte de grandeur. Il consiste en un autel en marbre blanc, placé sur un socle circulaire à deux gradins, revêtus aussi de marbre. Le pourtour du socle inférieur est de trente mètres. La statue regardera la mer et cette France qui se montre aujourd'hui si digne de compter désormais Augustin parmi ses enfants.

Mais entre les souvenirs que gardent ces ruines d'Hippone et les souvenirs que ce monument doit immortaliser, entre l'exil d'Augustin et son triomphe, entre ces deux voyages si différents, qu'est devenue son église? qu'est devenue toute l'église d'Afrique? Pourquoi le christianisme est-il tombé ici dans un abîme plus profond qu'en Orient? Pourquoi tout vestige de son passage a-t-il disparu? Voilà un problème historique, cher ami, qui me préoccupe vivement depuis que je suis ici et dont à mon retour je veux chercher avec soin la solution. La chute de l'église d'Afrique ne s'explique pas complétement par l'invasion sarrasine. Il y a d'autres causes que j'entrevois et que je veux m'efforcer de mettre au jour plus tard.

Mais tandis qu'assis à l'ombre des citernes d'Hippone, nous nous livrions à toutes les considérations que les lieux faisaient naître, des pas de chevaux se sont fait entendre, et nous avons vu arriver nos-seigneurs les évêques. Après une halte de quelques instants, la troupe est repartie, et nous nous sommes empressés de nous joindre à elle pour la visite aux Bedouins.

Nous traversons la Seybouse, non loin de son embouchure. Nous foulons les anciens quais de la ville qu'on pourrait facilement retrouver. Un bac à corde, conduit par des Arabes, nous transporte d'un bord à l'autre. La Seybouse est un des principaux cours d'eau de l'Algérie. Elle a beaucoup de fond à l'endroit où nous l'avons traversée, et si une barre de sable n'obstruait son embouchure, elle pourrait encore servir de port à Bône, dont la rade est très-mauvaise.

La plage entre la Seybouse et la mer forme un triangle dont le sommet est à l'embouchure de la rivière. C'est sur cette plage, qui est une palud sablonneuse, que campe la tribu des Béni-Urgin, que nous allions voir. Nous apercevons non loin de nous quelques tentes noires qui forment le premier douair de la tribu. Ces Béni-Urgin sont pour nous des amis dont la fidélité ne s'est pas un seul instant démentie depuis l'occupation. Le cheik, qui avait été averti de notre visite, était venu à notre rencontre. Nous le trouvons sur les limites de sa tribu, à la tête d'un groupe de cavaliers. A cheval tous les Arabes ont bonne mine; ceux qui sont devant nous ont de plus, ce qui est rare, un air empressé et bienveillant. Ils nous guident aussitôt vers leurs tentes, et chemin faisant, pour nous faire fête, ils se mettent à exécuter la *fantasia* : ce sont des courses de chevaux qui ressemblent un peu à celles de nos cirques, et où les Arabes se montrent très-habiles. Debout sur leurs étriers, le dos légèrement appuyé sur le bord élevé de leur selle, tenant leur fusil d'une main ferme, et faisant quelquefois semblant de faire feu, ils lancent leurs chevaux comme pour le combat. Le coursier vole, et puis tout à coup, au beau milieu de son élan, il s'arrête comme par un ressort. Quelquefois deux cavaliers partent au grand galop en se tenant embrassés, et feignant de se parler à l'oreille. Nos Arabes ont exécuté tous ces jeux, où j'admirais plus encore la force et l'agilité de leurs chevaux que leur propre habileté en équitation, quoique cette habileté soit réelle. Sur ces chevaux inappréciables, on m'a dit que les Bedouins montent et descendent les côtes les plus escarpées, où les piétons mêmes quelquefois n'oseraient se risquer. Quand la pente est trop roide, le cheval plie ses jambes de derrière et se laisse glisser.

Nous arrivons bientôt aux tentes. Elles sont faites d'un épais tissu de poils de chameaux. Quelques maigres bœufs paissent à l'entour. Une meute de chiens, gardiens vigilants du douair, veut, malgré la présence, les cris et les coups des Bedouins, nous en interdire l'entrée.

La première tente est celle du cheik. C'est là

qu'il nous introduit. Il avait étendu son plus beau tapis, et les évêques furent invités à s'asseoir. Mais jugeant aussitôt que ses hôtes illustres étaient peu accoutumés aux mœurs du désert, le cheik fit apporter des sacs remplis d'un grossier fourrage, qu'on plaça tout autour de la tente en guise de divan. Les évêques s'assirent un instant. Nos Arabes offrirent de préparer des rafraîchissements, tout en s'excusant de ce que le jeûne du ramadan, qui durait encore, leur interdisait toute nourriture. Ils voulaient nous préparer *le couscoussou*, espèce de pâte faite avec du froment broyé, cuite dans du lait ou du bouillon, et qui est le mets quotidien et presque unique des Bedouins.

Nous refusons leurs offres hospitalières, et nous acceptons seulement un peu de lait pour nous désaltérer. On apporte dans des vases de bois très-sales un lait aigri qu'on tire d'une vieille outre. Cette boisson, qu'on dit saine, a une odeur et un goût exécrables ; elle m'aurait certainement fait revenir le mal de mer, si je ne m'étais pas contenté d'y tremper à peine mes lèvres, que j'eus grand soin d'essuyer aussitôt.

Dans la tente qui touchait à celle où nous avons été reçus, se trouvaient les femmes de nos Bedouins. Vous savez que les Arabes nomades n'éprouvent pas à montrer leurs femmes la répugnance jalouse des Maures et des Turcs. Le cheik souleva donc un

rideau de toile grossière qui fermait l'entrée de cette
tente, et nos yeux purent plonger dans le mystère
de cet intérieur, qui n'avait rien, je vous assure, de
bien ravissant. Quatre femmes étaient accroupies
plutôt qu'assises sur une mauvaise natte. Deux
d'entre elles broyaient du grain dans un moulin à
bras; une autre, dont les traits amaigris et l'extrême pâleur révélaient les souffrances, détournait
son visage comme pour fuir soit le grand jour, soit
nos regards. Nous apprîmes qu'elle était accouchée
de la veille, et nous vîmes en effet son jeune nour-
risson, petit, maigre, souffreteux comme elle, cou-
ché à terre sur une écorce de liége, le corps enveloppé dans quelques sales chiffons en guise de
langes. La quatrième femme était l'épouse du
cheik. Elle est encore jeune. Son visage déjà flétri
n'a plus qu'une rougeur jaunâtre. Elle porte à ses
bras des bracelets d'or et quelques bijoux d'or dans
sa coiffure, qui n'est pas sans une sorte d'élégance.

Au reste, toutes ces femmes ne montrent aucun
empressement pour voir le spectacle extraordinaire
que nous devons leur offrir. C'est à peine si elles
tournent la tête pour nous regarder. Leurs yeux
ternes, hébétés, n'annoncent ni vivacité ni intelligence.

La dernière tente du douair nous gardait un
horrible spectacle. Une pauvre vieille Bedouine
étendue à terre sur un morceau de natte, se mou-

rait. Personne dans la tribu n'avait l'air de songer à elle et de veiller à ses besoins. Seulement, à ses côtés un petit vase de bois était rempli d'eau. Elle s'en était approchée sans pouvoir le soulever ; sa main livide est déjà glacée par la mort. Ses bras et son visage décharnés, noircis par le soleil, font peur. C'est un affreux tableau. Elle nous regarde d'un œil fixe et mourant. Elle nous prend sans doute déjà pour une vision de l'autre monde.

J'espère, cher ami, que vous viendrez un jour en Algérie compléter vos études sur l'Orient. Je vous avoue que je m'étais fait, d'après vos peintures, une idée beaucoup plus poétique de la vie patriarcale du désert. Il faut croire que les Bedouins de l'Afrique, ou du moins ceux des environs de Bône, ne ressemblent pas beaucoup à ceux de l'Asie que vous avez visités ; ou bien il faut dire que votre imagination brillante a jeté son manteau tissu d'or sur les misères de ces enfants d'Ismaël et de Mahomet. Je n'ai trouvé sous la tente des Béni-Urgin ni votre vénérable Hassan, ni la jeune Bedouine sa fille, votre gracieuse Iellé [1]. Je n'ai pas eu la moindre tentation de quitter la vie de nos cités pour la vie de ces solitudes. La plus misérable cabane de nos paysans me semble préférable à ce douair, qu'on dit cependant opulent. Malgré ses

---

[1] M. Poujoulat est auteur d'un roman écrit dans le désert, et qui a pour titre *la Bedouine.*

vices, notre civilisation est autant au-dessus de cette civilisation du désert que le ciel est au-dessus de la terre. Ne soyons pas injuste envers elle. Ne blasphémons pas le soleil, quoiqu'il ait des taches et qu'il brûle trop souvent au lieu d'éclairer. Sans doute les mœurs simples et primitives, cette vie indépendante et dure, développent dans l'Arabe quelques belles et solides qualités. Mais ces qualités sont mêlées de beaucoup de vices. Le Bedouin est vigoureux et brave, mais dissimulé et sanguinaire. Il y a en lui du lion et du chacal. En somme, l'homme du désert tel qu'il m'est apparu est un homme très-incomplet. Il vieillit dans une sorte d'enfance. Son intelligence ne parcourt qu'un cercle d'idées très-étroit, et s'il a quelques nobles instincts, il n'a jamais de grandes pensées.

Nous avons quitté les Béni-Urgin comme le soleil allait se coucher, et nous avons été de retour à Bône à l'entrée de la nuit. Adieu, cher ami; j'ai besoin de repos, et vous devez en avoir besoin aussi. Demain, après avoir inauguré le monument d'Hippone, nous prenons de nouveau la mer et nous partons pour Alger.

LETTRE SIXIÈME.

A la hauteur de Stora, à bord du *Gassendi*,
dimanche 30 octobre.

Je suis de nouveau installé, cher ami, dans le salon de l'état-major. J'ai repris ma place à la table d'acajou. *Le Gassendi* vogue avec un temps superbe vers Alger, où nous comptons arriver demain soir, veille de la Toussaint. Nous venons de doubler le Cap de Fer, et nos yeux ont pu plonger dans le golfe de Stora, aussi vaste que celui de Bône. Il n'y a plus assez de jour pour voir les côtes que nous longeons. Jusqu'ici elles ont eu l'aspect le plus sévère et le plus inhospitalier. Nulle trace d'habitation. Seulement de temps en temps des feux enveloppés dans un nuage de fumée signalent la présence des Kabyles, qui, dans cette saison, brûlent les herbes avant d'ensemencer la terre. Au moment où je suis descendu, je cherchais au milieu des ombres qui enveloppent les rivages de Stora, où nous venons de fonder Philippeville, l'ombre de l'ancienne Rusicada, la sœur de Constantine et d'Hippone. Le pont du *Gassendi* est très-animé en ce moment. Il n'est plus question pour personne du mal de mer. Notre voyage est une délicieuse promenade.

Tout le monde est gai et bien portant. Les yeux se détournent de la terre pour regarder au ciel les étoiles qui commencent à se montrer. Je me dérobe un instant aux charmes de cette soirée, et je viens vous retrouver, vous, mon aimable et invisible compagnon de voyage, vous, le confident si patient de toutes les pensées qui me passent par la tête, et de toutes les impressions bonnes ou mauvaises que je reçois. Accordez-moi encore quelques instants d'audience. Il faut bien que je vous conte la dernière et la plus touchante peut-être de toutes les solennités qui ont marqué le retour en Afrique des restes de saint Augustin. Mon récit sera court, je vous le promets, car j'ai hâte de regagner le pont, où ce soir une douce brise de mer, à peine sensible, chasse le serein et rafraîchit le sang.

Je vous dirai que monseigneur l'évêque d'Alger me semble avoir, comme Napoléon, le soleil pour lui, dans les grandes occasions; voilà pourquoi, sans doute, le soleil a été de toutes les fêtes dont je vous ai parlé jusqu'ici; et voilà pourquoi aujourd'hui encore il a éclairé de ses plus beaux rayons notre marche triomphale à Hippone et l'inauguration du monument d'Augustin. A la veille de novembre, comme nous sommes, le thermomètre marquait cependant trente degrés centigrades; rien ne rappelait l'automne au milieu de l'épaisse verdure dont les champs de la Seybouse sont couverts. La terre, sous une chaude rosée, semblait ouvrir son sein fécond; le sourd murmure des insectes à travers les herbes arrivait comme un bruit de germination, et de tièdes bouffées nous apportaient, avec le parfum des fleurs, toutes les exhalaisons du printemps.

Dès huit heures du matin, les évêques, le clergé, la ville tout entière de Bône défilaient en procession sur la plage qui mène à la cité d'Augustin. Une éclatante lumière inondait tout le paysage et faisait resplendir les mitres et les chapes d'or de nos prélats. Nous marchions entre deux rangs de soldats; les sombres échos des gorges voisines retentissaient des sons de la musique guerrière. Nous avions à gauche la mer sillonnée de canots; toutes ces embarcations se dirigeaient joyeusement vers la Seybouse et allaient nous attendre à Hippone. La plaine fertile et marécageuse qui s'étend de Bône à l'Abou-gemma, et que ferme au midi la haute chaîne de l'Edough, s'étendait à notre droite. Des groupes de cavaliers arabes la traversaient au grand galop. Cette fois enfin les indigènes s'étaient ébranlés : ils étaient sortis de leur indifférence. On voyait, mêlés aux Européens, les Maures de Bône, les Bedouins des tribus voisines, les Kabyles même de la montagne. Ils venaient d'eux-mêmes orner le triomphe d'Augustin.

Au pont de l'Abou-gemma, avant de mettre le

pied sur le territoire d'Hippone, nous faisons une première station. Ce pont était contemporain du grand évêque; c'était le seul témoin encore vivant qui pût nous parler de lui. Nous songions avec émotion qu'en le traversant nous foulions certainement ses traces. Ah! les restes d'Augustin ont dû tressaillir aujourd'hui en passant ce vieux pont de l'Abou-gemma, en touchant enfin cette terre bien aimée à laquelle nous venions les rendre. L'Église, qui a d'admirables paroles pour exprimer dans chaque situation de la vie tous les sentiments de l'âme, nous prêtait en ce moment une de ses plus poétiques et de ses plus saisissantes inspirations; nous chantions : « Du fond de votre sépul- » cre, levez-vous, ô saint de Dieu, hâtez-vous de » consoler par votre présence les lieux qui vous » furent si chers, et où nous vous avons préparé » ce triomphe! *Move te, surge, sancte Dei, ad loca* » *festina quæ tibi parata sunt !* »

Après le chant de cette magnifique antienne, qui remue le cœur et amène des larmes dans les yeux, monseigneur l'archevêque de Bordeaux donne la bénédiction avec les saintes reliques. C'est lui qui doit officier dans cette dernière solennité. Monseigneur d'Alger, au pont de l'Abou-gemma, lui remet son bâton pastoral en lui disant ces touchantes paroles : « Prenez en ce moment le bâton que je re- » çus de vous quand vous me conférâtes l'onction

» sainte, et soyez archevêque de Bordeaux et
» évêque d'Hippone. »

La procession se remet en marche et déroule ses
longs replis aux couleurs variées à travers des mas-
sifs d'oliviers, au milieu desquels elle paraît et dis-
paraît tour à tour. La forêt retentit des voix des
jeunes filles et du chant grave des prêtres. Nous
faisons encore plusieurs stations en gravissant
les pentes douces de la colline; à chaque pas les
aspects changent et deviennent de plus en plus
ravissants, à mesure que nous montons, et que par-
dessus la cîme des arbres nos yeux découvrent
cette mer azurée et sans bornes qui s'étend devant
nous. Je renonce à vous retracer ce qu'il y avait à
la fois de gracieux et de solennel et surtout d'animé
dans ce tableau : une foule immense couvrait les
coteaux d'Hippone; la vieille cité avait tout à coup
retrouvé la vie; les générations endormies dans son
sein semblaient avoir quitté leur tombeau; un
peuple nombreux venait comme autrefois se pres-
ser autour d'Augustin.

Nous arrivons au monument. Monseigneur l'archevêque de Bordeaux bénit l'autel et célèbre la
messe au milieu d'un admirable recueillement. Il
adresse ensuite à la foule une allocution pleine de
feu. Jamais semblable auditoire, jamais semblable
coup d'œil! Quel mélange de costumes, de physio-
nomies, de langues, de religions! L'Arabe, drapé

fièrement dans les longs replis de son burnous, à côté du soldat et de l'officier français à la tenue sévère; les élégantes toilettes de nos dames mêlées à tous ces costumes éclatants et pittoresques que portent les femmes de tous les pays dont se compose la population de Bône. Ici la calotte rouge du Levantin; là le turban du Maure; plus loin le juif aux amples vêtements noirs et au maintien timide. Je me figurais un de ces auditoires tels que l'Évangile nous les retrace, où tous les peuples étaient représentés, et qui se pressaient à Jérusalem, dans les premiers jours du christianisme, autour des apôtres. A voir l'attention que prêtaient à l'orateur tant d'étrangers qui ne devaient pas comprendre ses paroles, on pouvait croire aussi que le miracle des langues se renouvelait. J'aperçois encore d'ici un groupe de Bedouïns qui étaient assis sous un figuier. Ils portaient un peu en avant leur tête enveloppée du haïk et de la corde de chameau, dans l'attitude de la plus profonde attention.

Le discours de monseigneur l'archevêque de Bordeaux s'adressait particulièrement aux soldats. Il a parlé à ces braves, dont la conduite est si belle en Afrique, de la mission civilisatrice de la France, et leur a dit que la religion seule pouvait accomplir cette mission. Il a appliqué cette vérité à la conquête de l'Algérie. Plusieurs traits heureux de son improvisation ont vivement frappé l'audi-

toire. « La religion, dont nous sommes les minis-
» tres, s'est-il écrié en un endroit, est celle qu'ho-
» norèrent et pratiquèrent les Clovis, les Charle-
» magne, les Condé, les Turenne, celle 'dans les
» bras de laquelle Napoléon a voulu mourir. Il sa-
» vait bien, cet habile appréciateur des hommes
» et des choses, que la religion ne fait qu'accroître
» la bravoure ; il le savait bien, lui qui frappant
» un jour sur l'épaule d'un de ses généraux, lui
» disait : *Drouot, tu es le plus brave de mon armée,*
» *parce que tu es le plus dévot.* »

Après le discours, tous les évêques ont donné la bénédiction avec les saintes reliques. Leurs mains réunies, étendues sur les campagnes d'Hippone, demandaient au ciel la rosée qui doit féconder ces germes de foi qu'on venait d'y déposer. A la fin de cette touchante cérémonie, monseigneur Dufètre ne pouvait plus contenir les sentiments qui débordaient de son âme, et, de cette voix puissante qui remplit les plus vastes voûtes de nos cathédrales, il a fait retentir les collines d'Hippone de son amour et de son admiration pour Augustin. Il a demandé au grand évêque de lui obtenir les grâces de l'épisco-pat qu'il allait bientôt recevoir, et il en a placé les travaux sous les auspices de son nom, qu'il ajou-tera désormais au sien.

Un peu plus haut que le monument, presque au sommet de la colline, monseigneur l'évêque d'Alger avait fait dresser une tente. Tous les prélats s'y sont réunis, et là chacun a pris la détermination de consacrer par une fête l'heureuse translation qui venait de s'accomplir.

Il était midi; la foule s'était dispersée et prenait son repas sous les oliviers. Le général Randon avait fait dresser des tables dans les citernes, et tous les prélats sont venus s'asseoir avec leur suite à un banquet qui leur a été offert. Ce dîner, sous ces routes à moitié ruinées, offrait un spectacle curieux. A une large crevasse de l'édifice, entre les branches d'un figuier sauvage, plusieurs têtes de Maures qui apparaissaient pour nous regarder étaient de l'effet le plus pittoresque.

Nous ne devions plus retourner à Bône. *Le Gassendi* et *le Ténare* avaient envoyé leurs canots dans la Seybouse. C'est au port même d'Hippone que nous nous sommes embarqués pour nous rendre à bord. Il était environ deux heures. Quelque temps après nous levions l'ancre, et en quittant ces rivages dont nous ne perdrons jamais le souvenir nous adressions un dernier adieu aux collines d'Augustin.

Imprimerie Dondey-Dupré, rue Saint-Louis, 46.

9 782329 749532